KB066358

챗GPT 시대의 창의성

융합의 탄생

The Birth of Convergence
that creates value

챗GPT 시대의 창의성 융합의 탄생

초판 1쇄 발행·2023년 5월 5일
초판 7쇄 발행·2024년 4월 10일

지은이·최윤규
펴낸이·이춘원
펴낸곳·노마드
기 획·강영길
편 집·이경미
디자인·블루
마케팅·강영길

주 소·경기도 고양시 일산동구 무궁화로120번길 40-14(정발산동)
전 화·(031) 911-8017
팩 스·(031) 911-8018
이메일·bookvillagekr@hanmail.net
등록일·2005년 4월 20일
등록번호·제2014-000023호

ⓒ 최윤규, 2023

잘못된 책은 구입하신 서점에서 교환해 드립니다.
책값은 뒤표지에 있습니다.

ISBN 979-11-86288-62-7(03320)

챗GPT 시대의 창의성

융합의 탄생

The Birth of Convergence
that creates value

최
윤
규

—

지
음

nomad 노마드

챗GPT. 인공지능의 시대가 시작되었습니다.

이제 우리에게 필요한 것은 무엇일까요?

인공지능과 겹치지 않는 인간의 능력은 무엇일까요?

전 세계 키워드='창의성'

남다른 상상력과 관점을 어떻게 키울 것인가?

핵심을 보는 통찰력과 정확한 질문을 하는 능력이 필요합니다. 그 능력을 키우기 위해서는 인공지능도 데이터가 필요하고 사람도 다양한 경험이 필요합니다.

그래서 저는 챗GPT 이전에는 '구글'이 가장 무서웠습니다.

매년 1월 초에 구글로부터 이메일이 왔습니다. 지난 1년간 제가 어떻게 움직이고 활동하고 어디를 다녀왔는지 알려주는 내용이었습니다. 무서웠습니다. 저도 모르는 저에 대한 정보를 구글이 알고 있었기 때문입니다. 국가도 아니고 일개 회사가 저뿐만 아니라 대한민국 모든 국민들의 정보를 이런 식으로 알 수 있기 때문입니다.

메일에는 지난 1년간 제가 걸어다닌 시간, 대중교통·자가용·기차 등을 이용한 시간이 상세히 나와 있었습니다. 첫 번째 간 도시, 첫 번째 간 장소, 1년간 다닌 전체 도시의 수 등이 도표와 함께 나와 있었습니다.

〈도표 1_ 지도〉

〈도표 2_ 방문 도시〉

2019년에 방문한 장소 수

도시	장소
60	114
첫 방문 도시 20개	첫 방문 장소 77개

지구 1.8바퀴

2019년 총 이동 거리는 73,718km입니다

도시	장소
83	220

나의 2019년 활동

347km	50km	70,061km
75시간	3시간	1,139시간

그래서 무서웠습니다. 대한민국 정부가 대한민국 국민의 정보를 가지고 있다면 무섭지 않습니다. 외국 정부도 아니고 하나의 기업이 그 정보를 가지고 있다는 사실이 무서웠습니다. 어디를 다니는지, 무엇을 먹는지, 휴가 때는 어디를 가는지, 누구를 만나는지……

어떻게 구글은 제 정보를 알고 있을까요?

휴대폰 개통할 때 구글 계정이 필요하다고 해서 설치한 후에 아무 생각 없이 지난 1년간 사용해왔던 것입니다. 저는 구글 이메일을 받은 그날 제 휴대폰을 사용하는 데 이상이 없는 선에서 모든 구글 계정의 접근 허용을 막아버렸습니다.

기술의 발달은 우리의 상식을 넘어서고 있습니다.

그런데 새롭게 등장한 챗GPT는 데이터뿐만 아니라 우리의 생각과 질문까지 모두 가져갑니다. 사상과 정신 그리고 미래까지 뺏길 수 있습니다.

한국형 챗GPT가 빨리 나와서 우리의 데이터를 우리가 지켜야 하는데 마음이 조급해집니다.

데이터를 가진 자가 세상을 지배합니다! 트렌드를 읽으면 미래가 보입니다.

다가올 미래의 핵심을 창조, 융합, 빅데이터라고 합니다. 클라우드와 인공지능도 포함되겠지요.

단어도 어렵고, '저런 것들은 나와 상관이 없어.'라고 생각하시는 분들도 계실 겁니다. 그래서 남녀노소 누구나 쉽게 생활 속에서, 주변에서 눈에 보이는 사물들을 가지고 다가올 시대를 준비하고 창의융합적 사고를 스스로 해볼 수 있도록 이 책을 준비하게 되었습니다.

챗GPT를 마음껏 활용하는 능력을 위한 가장 기본적인 관점 바꾸기, 사물을 보는 눈, 창의적 사고를 하는 융합 아이디어 훈련을 제안해봅니다.

널려 있는 기술과 정보들을 어떻게 활용할 것인가?

기존 제품에 무엇을 결합시키면 더 나은 제품이 될까?

1+1=1이 되는 제품은 무엇이 있을까?

기술+관점+트렌드=융합의 시작입니다.

생각이 떠오르지 않거나 창의적 사고가 부족하다고 느낄 때 챗GPT를 활용해서 연습해보세요. 질문하는 능력만 바꾸어도 당신을 '융합형 인재'로 만들어드릴 겁니다. 물론 스스로 참여하는 거지요.

미래에 융합형 인재가 중요한 이유는 인공지능을 자신에게 맞게 활용하는 창의적 사고가 있기 때문입니다.

전혀 다른 두 가지를 합치려고 하면 각각의 기능과 재능과 장점과 핵심이 무엇인지 볼 수 있는 눈이 있어야 합니다. 그 눈은 결코 공짜로는 생기지 않습니다.

관점이 다르면 정답도 달라집니다.

챗GPT를 위기라고 생각하십니까?

기회라고 생각하십니까?

당신의 관점과 사고를 바꾸는 연습을 이제부터 제안합니다.

생각보다 쉬워요. 왜냐?

사람은 태초부터 융합적 존재니까요!

남자+여자, 정자+난자

미래는 창의융합 능력이 가장 큰 경쟁력이 되는 시대입니다!

1+1=!

차례

챗GPT 시대의 창의성 융합의 탄생

1

미래와 현재를 연결하는
키워드

핸드폰

리모컨

이어폰

마우스

드론

사물인터넷

SNS

키보드

인공지능

핸드폰

먼저 질문을 해봅니다.
"핸드폰은 통화(대화)를 위한 것인가?"

요즘 세대들을 보면 핸드폰으로 통화하기보다는 메신저로 의사를 나누는 것을 더 편해하고 좋아합니다.
추가된 서비스 기능이 기본 핸드폰의 존재 이유를 넘어서버렸습니다.

핸드폰+문자, 사진, 동영상, 은행, 교통카드, 교육, 게임, 건강 진료, 운동. 스마트홈… 등. 이제 핸드폰으로 안 되는 것이 없습니다.
너무나 많은 기능들이 융합되어서 사람들은 '핸드폰에 더 이상 붙일 게 없다, 아이디어가 없다'고도 말합니다.

이럴 때는 다르게 생각해봐야 합니다.
핸드폰 교체 주기가 빨라지다 보니 가정마다 사용하지 않는 오래된 핸드폰이 있을 겁니다.

못 쓰는 핸드폰 해부해보기, 액정 등 중고 부품 판매해보기.

핸드폰에 정말 새로운 기능을 더 넣을 수가 없다면 케이스를 생각
해봅시다.
핸드폰 케이스에 다른 기능들을 융합하는 것입니다.
1+(1+1)=1

핸드폰+케이스+(?)
핸드폰에 못 집어넣는 기능들을 케이스에 집어넣는 것입니다.
그래서 기능성 핸드폰 케이스를 만드는 것입니다.
전염병과 위생이 걱정된다면?
핸드폰+살균 케이스, 핸드폰+일회용 알코올 소독제 내장 케이스.
오래 사용하고 싶다면?
보조 배터리 겸용 케이스, 태양광 충전 케이스.
그 밖에 시중에 나와 있는 제품들을 보면 수납 · 거치 · 충전 · 방수
등 휴대성을 향상시킨 케이스, 차량 거치 기능 케이스, 고성능 스
피커 케이스, 전자파 차단 케이스, 이어폰 보관 케이스 등이 있습
니다.

현재 당신이 핸드폰을 사용할 때 가장 불편한 점은 무엇입니까?
내가 불편하면 다른 사람도 불편할 겁니다.
지금 개선해보세요.

유머 상상력

취업을 하고 첫 월급을 받은 아들이 부모님 결혼기념일 선물을 해 드리고 싶었다.
그런데 정확한 날짜를 몰라서 집으로 전화를 걸었더니 아버지가 받았다.
"아버지와 엄마 결혼한 날짜를 알았으면 해서요."
잠시 아무런 소리도 들리지 않더니 드디어 아버지의 목소리가 들려왔다.
"여보, 당신 전화요!"

발상의 전환

총알이 오면 피해야 한다.
그런데 당신의 직업이 경호원이라면?

[융합 키워드 핵심]
허무맹랑해도 됩니다. 말이 안 되도 됩니다. 웃겨도 됩니다. 그냥 남 눈치 보지 말고 해보고 싶은 것 마음대로 하면 됩니다. 창의성과 상상력은 그렇게 시작됩니다.

핸드폰 + (　　　) = 　　　　　　　 ?

글이나 그림으로 표현하기

이렇게 생각하는 이유는?

오늘의 키워드　　제품화한다면 이름은? 핵심은? 사용자는?

17

리모컨

리모컨은 가정에서 구성원 간의 **평등함의 시작**이었습니다.
과거 TV 채널을 돌리는 일은 나이 어린 순이었습니다.
아버지는 말씀하십니다.
"영철아, 다른 채널로 돌려봐라."
막내는 일어나 TV로 가서 손으로 채널을 돌려야 했지요.

이제 리모컨은 **권력의 상징**이 되었습니다.
가정에서 힘의 서열대로 리모컨과 채널 선택권이 주어지기 시작했
습니다.

리모컨, 또 다른 변화를 시작하다.
핸드폰 속으로 들어가다!

리모컨+핸드폰: 핸드폰이 만능이 되다. 휴대전화 하나로 원격조종이
   필요한 모든 기기를 제어하거나 감시할 수 있다.
리모컨+음성: 손이 아닌 말로 가능한 시대를 열다.
리모컨+쇼핑: TV 홈쇼핑에서 전화로 구입하지 않고 리모컨으로 구

입하는 서비스.

리모컨+이어폰: 조용히 TV를 볼 때 리모컨 스테레오 단자에 유선 이어폰을 꽂아서 사용하는 것. 시중에 나와 있다. 좋은 아이디어 제품이지만 기술의 발달로 TV에서 바로 무선 이어폰으로 연결되는 시대에 없어질 기능이다.

리모컨+핸드폰 카메라: 멀리서도 셀카 가능.

리모컨+자동차 키: 원격 시동, 문 자동 개폐 기능.

리모컨의 많은 버튼은 늘어날까요, 줄어들까요?

앞으로 리모컨이 계속 필요할까요?

시계가 있어도 가지고 다니지 않듯이 리모컨은 다른 기능들의 발달로 사라질 수도 있습니다. 계속 사용해야 한다면 그 대상은 새로운 기술과 기기에 익숙한 젊은이들이 아니라 어르신들과 어린이들이 될 것입니다.

리모컨+어르신: 어르신들을 위해 모든 편리함을 하나에 집어넣은 전용 리모컨.

가정용 IoT(사물인터넷)의 모든 기능을 리모컨에 담다.

리모컨+어린이: 장난감 리모컨.

그렇다면, 리모컨에 어떤 기능들을 추가한다면 우리는 편리하게 계속 사용할 수 있을까요?

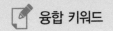
융합 키워드

유머 상상력

돌고래는 아주 영리하다. 붙잡힌 지 불과 2~3시간만 되면 하루에 세 번 생선을 던져주도록 사람들을 조종할 수 있다.

발상의 전환

가장 강한 근육은 머리다!

영화 〈악인전〉에서.

경찰: 착하게 살아라.

조폭: 이봐, 우리 같은 사람 없으면 넌 뭐 먹고 사냐?

20

리모컨 + (   ) = [?   ]

 두 개의 단어를 합쳐서 할 수 있는 것들은?

글이나 그림으로 표현하기

이렇게 생각하는 이유는?

오늘의 키워드   제품화한다면 이름은? 핵심은? 사용자는?

이어폰

어떤 소리가 듣고 싶으세요?
"사랑해."
"로또 1등 축하해요."
"아가씨인 줄 알았어요."
"합격!"

이어폰 하면 대부분 줄이 있는 이어폰을 떠올립니다.
'줄이 왜 이렇게 엉키지?' 사람들의 고민이었지요.
그래서 나온 제품이 이어폰+줄감개, 줄 꼬임 방지 이어폰, 엉키지 않는 이어폰, 지퍼형 이어폰 같은 제품이었습니다.

모두들 이어폰 줄에 집중할 때 다르게 생각하는 사람이 있었습니다.
'줄이 문제라면, 줄을 없애면 되잖아!'

요즘 젊은이들은 모두 무선 이어폰을 사용하지요.
"누가 유선을 써?"

지하철에서 유선 이어폰을 끼고 있으면 어르신 취급을 합니다.

이어폰+mp3, 이어폰+보청기, 이어폰+모자 · 옷 · 안경 같은 제품이 이미 나와 있으니, 몇 년 후에는 줄도 없고 이어폰 자체도 없는, 스티커처럼 붙이는 이어폰도 나오지 않을까요?

이어폰+위험 상황 감지: 차량 진입, 교차로, 신호등, 횡단보도 안전을 보장.
이어폰+방향 인식: 누군가 부를 때 소리 나는 쪽 이어폰에서 진동. 칭찬 소리만 들리는 이어폰.

저는 이런 생각도 해봅니다.
이어폰+청진기.

의사들이 사용하는 일반적이 청진기는 아닙니다.
식물에 가져다 대면 식물의 광합성 소리가, 나무에 가져다 대면 땅으로부터 물을 흡수하는 소리가, 나뭇잎에 대면 산소 내뿜는 소리가 들리는 이어폰이지요.
물론 사람에게도 사용할 수 있습니다.
사랑이 익어가는 소리, 욕심이 무너지는 소리, 꿈 앞에서 흔들리는 자아의 갈등 소리도 들을 수 있지요.

당신이 듣고 싶은 소리는 무엇입니까?

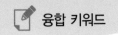

유머 상상력

아버지가 사춘기 아들에게.

"네가 발표하는 웅변대회를 보러 갈 수 없게 되었다. 가족의 가치
에 대한 연설을 하러 가야 한단다."

발상의 전환

차승원 주연의 영화 〈힘을 내요, 미스터 리〉에서 백혈병에 걸린 딸
이 아빠에게 묻습니다.

"아빠는 나를 얼마나 사랑해?"

어린아이 정도의 지능을 지닌 아빠는 대답합니다.

"배…배… 백 개만큼… 어, 더… 더…ㅜㅜ… 백 개, 백 개, 백 개…
만큼."

자기가 사랑하는 만큼 표현하고 싶은데, 백 개 이상은 표현이 안 되
니 가슴이 답답합니다. 그것보다 훨씬 더 많이 사랑하는데….

영화 〈어벤저스 - 엔드게임〉에서.

토니의 딸 모건이 토니에게 "삼천만큼 사랑해."라고 하지요.

아는 만큼 보이고, 아는 만큼 설명할 수가 있습니다.

그래서 4차 산업시대를 빅데이터 시대라고 얘기하지요.

발상의 전환을 만들어주는 관점도 마찬가지입니다.

24

이어폰 + (　　　) = 　　　　　?

글이나 그림으로 표현하기

이렇게 생각하는 이유는?

오늘의 키워드　　제품화한다면 이름은? 핵심은? 사용자는?

25

 마우스

"손목이 너무 아파!"
마우스를 장시간 사용하다 보니 손목터널증후군(수근관증후군)에 걸린 사람들이 많습니다.
그래서 이런 생각도 해봅니다.

마우스+휴식: 30분 이상 사용하면 자동으로 알람을 통해 경고를 하거나, 찌릿한 약한 전기를 흘려보내 휴식을 하게 한다.
　　마우스+건강: 손가락이나 손바닥 접촉면에 심전도, 맥박, 혈류등의 생체신호를 감지할 수 있는 센서를 부착해서 실시간 건강상태를 점검한다.
마우스+스트레스 점검: 사용자 습관을 인식하여 스트레스 감지 후휴식을 유도한다.

"어떻게 마우스에 그런 기능들을 집어넣어요?"
그런 분들께는 마우스패드를 권해드립니다.

마우스에 집어넣지 못하는 기능들을 마우스패드에 넣어서 대체하는 것입니다.

무선 충전 마우스패드, 온열 마우스패드도 제품으로 나와 있지요.

마우스패드가 마우스라면? 손가락을 패드 위에 올려놓고 마음대로 움직이면 되겠지요.

마우스+패드=터치패드.

사람들의 행동양식을 보고 만드는 마우스도 있습니다.

마우스+신체: 발가락 마우스, 손가락 마우스, 눈동자 인식 마우스.

마우스+동작 인식: 영화 〈마이너리티 리포트〉에서 톰 크루즈가 손 동작만으로 컴퓨터를 조작했던 장면.

마우스+스캐너: 아이디어는 좋은데 활용도가 떨어져서 많이 사용하지 않음.

마우스+무선, 마우스+휠, 마우스+게임.

향후 음성으로 조종이 가능하다면, 손가락 인식 하나로 조종이 가능하다면 현재와 같은 **마우스는 사라질까요?**

과연 그것이 지금 마우스보다 사용자에게 편리할까요?

유머 상상력

여객선에 탄 사람들은 작은 섬에서 수염이 텁수룩한 사람이 소리를 지르며 미친 듯이 손짓을 하고 있는 것을 볼 수 있었다.
"저게 누굽니까?"
승객이 선장에게 물었다.
"모르겠어요. 해마다 우리가 이곳을 지날 때면 저 난리를 피워요."

발상의 전환

둘째가 미대에 가게 되었다. 1학년 때는 대학에서 그림과 관련된 스킬을 많이 가르쳐줄 것 같아서 이렇게 말했다.
"앞으로의 세상은 똑같은 건 기계가, 알파고가, 인공지능이 다 할 거야. 이제 똑같은 건 누구나 다 그릴 거야. 그러니 너는 기계가 할 수 없는 것들을 그려보아라."
그때부터 1년간 둘째는 '내가 보는 모든 것들이 살아 있다면?'이라는 주제로 간단한 그림들을 그리기 시작했다.
그중에서 '마우스가 살아 있다면?'

마우스 + (   ) = [?   ]

 두 개의 단어를 합쳐서 할 수 있는 것들은?

글이나 그림으로 표현하기

이렇게 생각하는 이유는?

오늘의 키워드	제품화한다면 이름은? 핵심은? 사용자는?

드론

영화 〈스파이더맨: 홈 커밍〉에서 아이언맨 토니 스타크는 피터 파크에게 거미 모양의 드론을 선물합니다. 스파이더맨 슈트 가슴에 있는 거미 모형에서 튀어나오는 **정찰기 드론**입니다.

드론+곤충: 건물 내부나 폐쇄 공간 등 촬영, 조사 및 구조용.

드론+새: 조류 모형으로 위장한 감시용 드론.

이러한 드론들은 소방장치, 화재 탐지, 소방방재 등에 사용할 수 있습니다. 물론 원격제어 기술이 선행되어야 합니다.

곤충이나 새가 아니라 **아주 크게 만들면**: 드론+택시, 드론+비행기.

〈스파이더맨: 파 프롬 홈〉에서 드론은 더욱 발전합니다.

정체불명의 미스테리오는 수백 대의 드론으로 실제와 똑같은 가상현실을 만들어냅니다.

드론+프로젝터: 수십 대의 드론으로 공간에 가상의 그래픽을 투여한다.

드론+가상현실.

드론+증강현실.

드론+홀로그램.

기술의 발달과 상상의 한계는 어디까지인가?

2018 평창 동계올림픽 개막식에서도 드론 1218대가 밤하늘을 수놓
았습니다.
드론으로 밤하늘을 무대 삼아 공연을 펼친 것입니다.
드론+공연, 쇼.
만약 1218명의 사람이 각 한 대씩 드론을 조종했다면 수많은 충돌
사고가 발생했을 겁니다. 이 드론쇼는 단 한 대의 컴퓨터 그리고 단
한 사람의 드론 조종사가 컨트롤한 것입니다. 〈스파이더맨〉 영화
속 증강현실 드론도 곧 실현되겠지요.

드론을 빠른 속도로 대중화하는 방법은 놀이화하는 것입니다.
재미있게 만드는 것입니다.
드론+게임: 드론 레이싱, 드론 축구, 드론 낚시.
안전에 관한 연구도 더 진행되어야 하며, 충돌 회피 기술도 더 발달
해야겠지요.
드론 카메라, 드론 택배 서비스, 드론 위치 측량기술, 드론 무기 등
더욱 다양한 제품들이 출시될 겁니다.

드론+신발: 드론을 신발처럼 만들면 날 수 있을까?

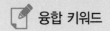

융합 키워드

과사무실 앞에 붙은 글.

"건축과 김성달 군, 학생이 대출해간《드론 일주일 만에 정복하기》의 반납 기한이 벌써 3주가 넘었습니다. 이제 그만 포기하고 반납 바랍니다."

발상의 전환

미래를 예측하는 가장 좋은 방법은 미래를 창조하는 것이다.

－피터 드러커

32

드론 + (   ) =   ?

글이나 그림으로 표현하기

이렇게 생각하는 이유는?

오늘의 키워드   제품화한다면 이름은? 핵심은? 사용자는?

사물인터넷(IoT, Internet of Things)

초연결사회의 시작.

"아니, 카카오톡, 페이스북, 인스타그램, 밴드…. 지금도 너무 많이 연결되어 있어 힘든데 무슨 초연결사회야?"

지금까지는 사람과 사람 간의 연결이었다면, 이제부터는 사물과 사물, 사람과 사물, 사람과 동물, 사물과 동물 등 존재하는 모든 것들과의 연결이 시작됩니다.

식사 후 이를 닦지 않는다면 당신의 **칫솔에게서 연락이 올 겁니다.** 이 닦으라고!

방문을 여는 순간 **문손잡이는 당신에게 신호를 보낼 것입니다.**

현재 체온이 높으니까, 맥박이 빠르니까, 땀이 심하게 나니까 병원에 가보라고!

집에 홀로 남겨두고 온 **강아지에게서 문자가 올 겁니다.** 개껌 달라고!

화분과 식물들이 요청합니다. 물 떨어졌다고, 갈증 난다고!

팬티가 게으르고 지저분한 주인에게 신호를 전송합니다.

이제 갈아입을 때가 된 것 같다고, 그만 입으라고!

고령화사회로 접어들면서 사물인터넷은 어르신들의 생활 패턴을 기억하고 있다가 행동과 시간대의 변화를 감지하면 바로 보건소나 병원으로 연결해줄 것입니다.

사물인터넷+건강, 노령화, 취미: 헬스케어.

유명인들이나 기업하는 사람들은 앞으로 **비서가 필요할까요?**
관광 및 문화행사의 모든 정보를 제공받을 수 있다면 앞으로 **관광 가이드가 필요할까요?**
주차관리원, 은행원, 톨게이트 수납원, 택시기사들은 어떻게 될까요?

무노력 쇼핑 시대의 시작.
초연결사회가 되면 인공지능 쇼핑, 즉 소비자가 어떠한 행동을 하지 않아도 자동으로 필요한 제품을 구입하는 시대가 시작됩니다. 물건이 떨어지면 자동으로 주문되는 스마트 쇼핑, 정기구독 쇼핑도 그중 하나이지요.

스마트 창문: 햇빛 · 습도 · 온도 조절, 실내 공기 환기, 외부 시선 차단, 침입 차단 및 알림.
다이어트 냉장고: 냉장고 문이 비정상적으로 자주 열리면 자동 잠금 실행.

당신은 어디에 연결되고 싶으신가요?
그렇게 연결된 당신의 정보들은 안전합니까?

유머 상상력

어느 무신론자가 랍비에게 물었다.

"신이 존재한다는 증거를 대보시오. 그러면 나도 기꺼이 신을 믿겠소."

랍비가 물었다.

"성경을 읽어보았습니까? 아니 어느 한 부분이라도 읽어보았습니까?"

"아니오."

"하지만 탈무드는 읽었겠지요?"

"그것도 안 읽었소."

"그럼 당신은 도대체 뭘 읽었소? 철학자나 현인들의 글은 읽었소?"

"아니오. 난 그런 건 읽지 않소."

"그렇다면 당신은 무신론자가 아니오. 당신은 그냥 무식한 사람일 뿐이오."

발상의 전환

1인 가구, 싱글족이 증가하면서 새로운 소비계층이 나타났습니다. 바로 포미(FORME)족입니다.

건강(For health), 싱글족(One), 여가(Recreation), 편의(More convenient), 고가(Expensive)의 첫자로 만든 신조어로, 여가생활과 자기개발 등 자신이 좋다고 가치를 두는 제품에 과감한 투자를 아끼지 않는 사람들입니다.

사물인터넷 시대에 포미족을 타깃으로 정기구독 쇼핑은 어떨까요?

사물인터넷 + (　　　) = 　　　?

 두 개의 단어를 합쳐서 할 수 있는 것들은?

글이나 그림으로 표현하기

이렇게 생각하는 이유는?

오늘의 키워드　　　제품화한다면 이름은? 핵심은? 사용자는?

SNS(Social Network Service)

1971년 미국의 프로그래머 레이 톰린슨에 의해 이메일이 발명되고,
1996년에 마이크로소프트사에서 최초의 메일 서비스인 hotmail을 시
작했습니다.
대한민국에서는 1997년에 hanmail이 탄생했습니다.
놀라운 것은 무료라는 것이었다.

1999년 창업한 싸이월드가 사진 저장공간과 개인 홈페이지 '미니 홈
피'를 제공했습니다.
놀라운 것은 무료라는 것이었다.

2004년 시작한 페이스북은 이용자들끼리 글을 쓰고, 사진을 올리
고, 좋아요(Like)를 누르고, 감정과 정서와 메시지를 주고받고.
놀라운 것은 무료라는 것이었다.

트위터, 인스타그램, 마이 스페이스, 천리안 등의 서비스도 있었습니다.
2005년 모두가 쉽게 비디오 영상을 공유하는 서비스 유튜브가 시작

되었습니다.

동영상을 올리고, 보고, 댓글 달고, 소통하는 모든 서비스가 무료로 제공되었습니다.

2010년 메신저 기반의 카카오톡 문자서비스가 시작되었습니다.
놀라운 것은 모든 문자가 무료라는 것이었다.

와, 전부 공짜면 이 기업들은 어떻게 먹고살지?

당신이 무료라고 마음 놓고 올린 활동 결과물을 이 기업들은 공짜로 거두어갑니다.
누군가의 표현처럼 기업들은 벌꿀(이용자)에게 벌통(무료서비스)을 제공합니다.
그리고 아무것도 안 합니다. 그냥 기다립니다.
벌꿀들이 벌통에 꿀을 채울 때까지.

벌들은 외칩니다. **"빨리 와. 여기 집을 공짜로 줘."**

페이스북은, 카카오는 방 한 칸, 한 뼘 공간만 제공했을 뿐인데…,
꿀은 벌들이 다 채웠는데…, 그 결과물은 기업들이 모두 가져갔습니다.

만약에 당신이 사업을 한다면 고민해보세요.
무엇을 공짜로 주면 사람들이 움직일까요?

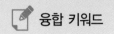
융합 키워드

유머 상상력

직업상 강의할 일이 생겨서 어느 토요일 빈 사무실에서 강의 연습을 하기 위해 USB에 자료를 담아서 다섯 살 난 아들을 데리고 회사에 갔다.
며칠 후 아들이 친구에게 하는 말을 듣게 되었다.
"너 우리 아빠가 직장에서 뭘 하는 줄 아니? 투명인간들을 가르쳐!"

발상의 전환

영화 〈그것 2〉에서.
페니와이즈: 나도 네 친구야.
어린아이: 친구라면 왜 숨어 있어요? 친구 아니야!

SNS + (　　　) = 　　　　　　　　　?

글이나 그림으로 표현하기

이렇게 생각하는 이유는?

오늘의 키워드　　제품화한다면 이름은? 핵심은? 사용자는?

41

 키보드

가슴이 떨리는 단어는 무엇입니까?

인생의 꿈을 한 문장으로 표현한다면?

키보드가 없다면 컴퓨터에 어떻게 문장을 입력해야 할까요?

가장 오래된 PC 입력장치인 키보드는 미래에도 사용할까요?

"문장을 왜 입력해요?"

어떤 아이들은 말하지요. "키보드는 게임할 때만 써요."

자판을 쳐야 한다는 생각을 버리자!

신체에 저장. 손가락 키보드.

키보드 없는 가상의 키보드.

점자 키보드.

생체 인식, 근육 감지, 시선·동작 인식 키보드.

음성 인식 키보드.

부정의 단어를 입력해도 긍정의 말로 바뀌어서 입력되는 키보드!
내 감정을 이해하고 친구처럼 답변하는 키보드!

만약 키보드를 옷처럼 입는다면?
컴퓨터 작업이 아니라 일상 속에서, 운동을 할 때, 작업을 할 때, 정해진 일을 할 때 키보드를 입고 기능키를 사용할 수 있다면 일의 능률이 많이 오를 것입니다. (기능키: 최상단에 위치한 F1~F12. 각 키마다 미리 정의된 특정 기능을 실행.)

이런 생각도 해봅니다.
현재 사용하는 키보드에 기능키 자판 하나를 더 설치합니다. 바로 자동멘트 키보드!
자동멘트+키보드.
이메일, 문서 작성, 메신저를 할 때마다 마지막 문장을 작성 후 자동멘트 키보드를 눌러주면 상대에게 미리 설정된 메시지가 자동으로 전달됩니다. 인사말이나 명함도 포함됩니다.
이 기능은 기업체 광고용으로도 사용할 수 있지요. 사용자는 매달 일정액의 광고비를 받고 정해진 문구를 보내는 것입니다.

당신의 인생에서 어떤 기능키가 있다면 행복할까요?
램프요정 지니처럼 세 가지 소원을 들어주는 키보드는 없을까요?

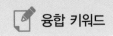
융합 키워드

유머 상상력

"인터넷 업체 대표들은 인터넷에서 음란물을 통제할 수 있는 기술
이 이미 보급되어 있다는 데 동의합니다. 문제는 아이들이 그걸 부
모에게 가르쳐주지 않는 겁니다."

발상의 전환

영화 〈나랏말싸미〉에서.
"복숭아 속에 씨가 한 개인 줄은 알지만, 그 씨 속에 복숭아가 몇 개
인지는 아무도 모른다."

키보드 + (   ) =   ?

글이나 그림으로 표현하기

이렇게 생각하는 이유는?

오늘의 키워드   제품화한다면 이름은? 핵심은? 사용자는?

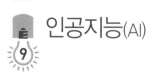

인공지능(AI)

인공지능은 몰라도 알파고는 압니다.
알파고 하면 이세돌. 그럼 인공지능은 바둑만 둘까요?

인공지능(AI, artificial intelligence)이라는 용어는 1956년에 처음 등장했습니다.
기계가 학습을 통해 사람의 도움 없이 배우기 시작했습니다!

영화 〈터미네이터〉에 등장하는 스카이넷(Skynet)은 가상의 시스템으로, 스스로 학습하고 생각하는 인공지능입니다. 기계가 너무 발전하자 이를 두려워한 인간은 인공지능을 멈추려고 하고, 스카이넷은 자신을 방해하는 인류를 적으로 간주하고 공격을 시작합니다.

인공지능이 계속 발전하면 결국 인간을 공격하게 될까요?
인공지능이 인류를 파멸로 몰아넣지는 않겠지만 적어도 인간의 일자리를 빼앗아갈 겁니다.
빼앗기지 않는 방법은 하나밖에 없습니다.
기계가 할 수 없는 일을 하는 것입니다.

정답이 떨어지는 일이나 단순반복적인 일들은 기계가 인간보다 더
잘합니다.

인공지능+자율주행차, 버스, 로봇.

인공지능+의료, 유전자, 신약 개발, 건강.

인공지능+금융, 보험, 은행.

인공지능+영상 인식, 음성 인식, 번역.

인공지능+디지털 비서, 요리, 배달, 쇼핑.

그렇다면 기계가 못하는 일들은 무엇일까요?

인공지능은 완벽하게 일을 할 뿐이지 즐기지는 않습니다.

즐길 수 있고, 행복하고, 기쁜 일이란 무엇일까요?

일본 소프트뱅크 손정의 회장은 한국을 방문해 대통령께 이렇게 말
했습니다.

"첫째도 AI, 둘째도 AI, 셋째도 AI."

중국 알리바바의 마윈은 연설했습니다.

"IT 시대는 끝났다. 이제 Data 시대가 온다."

다른 것 같지만 같은 말입니다. 인공지능에서 Data를 빼면 깡통이거든요.

마윈은 신유통시장의 개념을 주장하였습니다.

인공지능+빅데이터+온라인+오프라인+물류=신유통.

진짜 두려워할 것은 학습된 스카이넷이 아니라, 인공지능을 나쁜
용도로 사용하는 사람들의 등장입니다.

유머 상상력

중역회의에서.

"컴퓨터 덕택에 회사 경비를 대폭 줄일 수 있었습니다. 앞으로 컴퓨터가 사람 대신 하는 일이 더욱 많아지고 비용을 더 줄일 수 있을 겁니다."

이렇게 말하고 발표자가 사람 한 명, 개 한 마리, 컴퓨터가 그려진 화면을 띄웠다.

"여기 우리 회사의 장래 계획이 있습니다."

"도대체 그게 무슨 계획이란 말인가?" 사장이 물었다.

"간단하죠. 이 사람이 하는 일은 이 개에게 먹이를 주는 것이고, 이 개가 하는 일은 이 사람이 컴퓨터에 손을 대면 물어버리는 것이죠."

발상의 전환

울타리는 참 신기하다. 하나가 둘이 된다.

옆집에서 울타리를 치면 우리 집은 저절로 울타리가 생긴다.

인공지능 + (　　　) = 　　　　　　 ?

두 개의 단어를 합쳐서 할 수 있는 것들은?

글이나 그림으로 표현하기

이렇게 생각하는 이유는?

오늘의 키워드　　제품화한다면 이름은? 핵심은? 사용자는?

49

공상과학영화처럼
기술의 발달로
사람들의 몸속에
신분증을 대신하는
바코드를
지니고
다닌다면?

852147369

8645129723

4567893217

2396458243

2367512895

3264971235

6781542365

81236914753

5678123498

누구인지 어디 사는지,
직업과 회사,
인성과 범죄 사실, 성향, 몸무게,
가족관계, 관심 분야…
이러한 모든 사실을
만나는 즉시 알 수 있다면?

범죄는 줄어들까요?

남녀가 사랑에 빠져서 결혼해야 하는데
만나는 순간 학벌과 재산,
경제력을 알 수 있다고 한다면…
과연 결혼이 가능할까요?

아무리 기술이 발전하더라도
인간 고유의 영역은 존중되었으면 좋겠습니다.

2

생활에서 접하는
키워드

지도

"한라산 정상까지 몇 번이나 가보셨어요?"
제주도에서 점심을 먹다가 식당주인에게 물어보았습니다.
"평생을 살았는데, 정상까지는 한 번도 안 가봤어."

내가 살고 있는 동네도 다 돌아보지 못하는데, 지금부터 200여 년
전 오로지 조선 전체를 30년 동안 걸어다니면서 지도를 만든 사람,
고산자 김정호!

지도를 만들려면 먼저 높은 곳에 올라가봐야 합니다. 전체를 볼 수
있어야 합니다.
미지의 세계로 한 발 내디뎌야 합니다.
인생을 바라보는 눈도 그러하다면 좋겠습니다.
혹시 보물지도(꿈)라도 발견할 수도 있지 않을까요?

지도는 문명이다.
지도는 도전이다.
지도는 개척이며 모험이다.

IT 기술이 발전하면서 세상은 참 좋아졌습니다.

지도+대중교통: 버스 노선, 지하철 노선.

지도+디지털: 내비게이션, 구글어스, 로드뷰.

찾고자 하는 지역의 위치와 거리 및 시간, 사진까지 다 제공됩니다.

내비게이션은 계속 발전하겠지요. 이제 지도를 보면서 이메일, 차량 원격 진단, 사고 접수, 광고, 맛집 검색과 예약, 주차장 확인, 주차단속 확인 등도 가능합니다.

저는 이런 생각도 해봅니다. 새 차를 출고할 때 자동차회사에서 서비스로 차주의 아내 목소리로 내비게이션 음성을 녹음해주는 것입니다.

내비게이션+마누라 목소리.

운전하다 보면 아내의 목소리가 들리겠지요.

"오른쪽으로 가. 왼쪽으로 가. 어, 이 인간이 또 말을 안 듣네!"

자율주행차가 곧 대중화된다고 합니다. 운전기사 없이 안전한 운행이 이루어지려면 선행되는 필수조건이 바로 정확한 도로 지도입니다.

관점을 바꾸면 다르게 보입니다.

인간+지도: 게놈 지도.

인간의 몸을 지구라고 하고 염색체의 어느 위치에 어떤 유전자들이 있는지를 나타낸 유전자 지도입니다.

또 다른 관점: **꿈 지도 한번 그려보시겠습니까?**

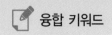

유머 상상력

한 대형마트 안내방송에서 흘러나온 말.
"봉지가 터진 설탕을 사신 손님은 우리 직원이 따라잡을 수 있도록 쇼핑용 손수레를 그 자리에 세워주십시오."

발상의 전환

영화 〈블랙클랜스맨〉에서 최초의 흑인 경찰이 하는 말.
"저는 미국에서 태어난 흑인 소년입니다. 어릴 때 '타잔'을 보고 자랐지요. 타잔은 늘 흑인 원주민들을 때리고 죽였습니다. 저는 외쳤습니다. '타잔, 그들을 죽여. 야만인들을 죽여!' 결국 이 소리는 제 자신을 죽이라는 소리였습니다."

어디서 태어나는가? 그 사람의 사상까지도 바꿉니다.

지도 + (　　　) = 　　　　　　　?

 두 개의 단어를 합쳐서 할 수 있는 것들은?

글이나 그림으로 표현하기

이렇게 생각하는 이유는?

오늘의 키워드	제품화한다면 이름은? 핵심은? 사용자는?

안경

코로나19.

새로운 전염병이 사람들을 공포로 몰아넣고 있습니다.

문손잡이에 바이러스가 있는지, 엘리베이터 버튼에 세균이 있는지,

버스 손잡이에는 병균이 있는지 보인다면 얼마나 좋을까요?

세균이 보이는 현미경 기능의 안경.

'물만 먹어도 살이 쪄.'

외모가 중요하고 건강한 몸매가 돋보이는 시대에, 안경을 쓰고 유
리에 비친 내 모습을 보면 날씬하게 보이는 안경.

무조건 예쁘게 보이는 안경.

안경의 기능은 근시, 원시, 난시 등을 교정하여 잘 보이게 하는 것
이었는데 점점 다양하게 세분화되고 있습니다.

안경+신체활동: 운전 전용 안경, 자외선 차단 안경, 음이온 안경.

안경+기능: 향기 안경, 졸음 방지 안경.

안경+건강: 안구 건조증 방지 안경.

안경+산업현장: 공사장, 공장, 실험실 등에서 사용하는 안전용 안경.

4차 산업 이후 인공지능과 기술은 계속 발전할 텐데, 이런 안경은 어떨까요?

내가 보는 모든 것이 녹화된다.

안경+IT: **블랙박스 장착 안경.**

모든 것이 녹화되면 행동을 조심해야 되겠지요. 초상권은 어떻게 해야 하나요? 허가받지 않은 촬영은, 만약 그 영상을 온라인상에 공개한다면?

거짓말하는 사람은 다 사라지고 모두가 정직해질까요?

영화 〈스파이〉의 주인공처럼, 아이언맨처럼 모니터 기능이 있는 안경.

영화 〈매트릭스〉의 모피어스처럼 귀걸이 없는 안경. 아니면 코걸이 없는 안경.

안경테를 없애고 눈 속으로 집어넣은 안경: 콘택트렌즈.

입체로 보이는 3D 안경.

모든 것을 꿰뚫어보는 투시안경.

말도 안 되는 상상을 해봅니다.

애완견에게 씌우는 안경.

개가 이 안경을 쓰고 주인을 바라보면 주인이 자기와 같은 개처럼 보입니다! '뭔 개소리!'하냐고요.

'사람들은 자기가 보고 싶은 것만 본다'고 합니다.

아무리 좋은 안경을 가지더라도 결국 자기가 보고 싶은 것만 보게 될 것입니다.

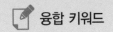

유머 상상력

결혼상담소를 찾아온 청년이 하는 말.
"제가 원하는 여자는 유머감각이 있고 음식을 만들 줄만 알면 됩니다. 재산을 상속받을 아가씨에게 너무 많은 걸 바라는 걸까요? 제 눈이 높은 건가요?"

발상의 전환

영화 〈문나이트〉에서.
"언젠가는 뭐가 될지 스스로 결정해야 해. 그 결정을 남에게 맡기지 마라!"

안경 + (   ) =   ?

두 개의 단어를 합쳐서 할 수 있는 것들은?

글이나 그림으로 표현하기

이렇게 생각하는 이유는?

오늘의 키워드   제품화한다면 이름은? 핵심은? 사용자는?

저울

결정을 쉽게 못하는 분들을 위해서 저는 이런 생각을 해봅니다.

할까 말까 저울.

'짜장면 먹을까, 짬뽕 먹을까' 고민하시는 분.

'지금 할까, 내일 할까' 망설이시는 분.

'해야 하나, 말아야 하나' 고민하는 모든 분들에게 선택을 쉽게 해주
는 저울입니다.

과학적 원리나 기술은 없습니다. 그냥 랜덤으로 선택됩니다.

핸드폰용으로 앱을 만들까 합니다.

할까 말까 저울 앱.

그런데 '지금 만들지, 내년에 만들지' 결정을 못하고 있습니다.

세상이 공평하지 않다고 생각하는 분들을 위해서 생각해봅니다.

처음부터 기울어진 저울.

어디에 쓰냐고요? 쓸데가 있겠지요!

일단 당신이 유리한 쪽을 선택하십시오.

체중계에 올라설 때마다 한숨을 쉬시는 분들에게.
"인체의 70%는 물입니다. 당신은 살이 찐 것이 아니에요. 다만 몸속
에 물이 많을 뿐입니다."

양팔저울, 용수철저울, 대저울, 전자저울, 음식물 쓰레기통 저울,
차량 적재 저울, 보석용 저울 등 수많은 저울들이 제품으로 나와 있
습니다.
어떤 시장에서는 공정한 상거래를 위해 소비자가 직접 무게를 측
정하고 상품을 구매할 수 있도록 돕는 **양심저울**을 마련하기도 했
지요.

이런 저울도 생각해봅니다.
저울+변기: 저울 달린 변기.
대변을 보고 나면 변기에서 핸드폰으로 문자가 옵니다.
"오늘 당신은 750g 배출하셨습니다. 먹는 걸 줄여보세요."
한 달간 배출 통계치를 초과할 때는 "어제 무슨 일 있었나요?"라고.

감정저울은 어떤가요? 분노가 치밀어오를 땐 조심하게 되겠지요.

부자가 되고 싶습니까? 그러면 모든 사람의 양심을 진정한 값을 주
고 사서 그 주인이 부르는 값에 되파십시오. ―트리스탕 베르나르

유머 상상력

150kg의 사내가 물었다.

"도사님, 아무리 해도 살이 안 빠져요. 어떻게 하면 될까요?"

"내가 도와드리지요. 내일 아침 8시에 운동복을 입고 집에서 기다리세요." 도사가 말했다.

다음 날 아침, 몸에 꼭 끼는 운동복을 입은 예쁜 여자가 그 남자의 집 문을 두드렸다.

"저를 쫓아와서 잡을 수 있으면 당신과 결혼할게요." 이렇게 말하고 달리기 시작했다.

뚱뚱한 남자는 숨을 헐떡이며 그 여자를 따라갔다.

매일 5개월간 반복하였다. 남자의 몸무게가 70kg 빠졌다.

이제 내일이면 그 여자를 따라잡을 수 있을 것 같았다.

그런데 이튿날 아침 문을 열어보니 체중이 140kg이나 되는 여자가 조깅복을 입고 밖에서 기다리고 있었다.

여자가 말했다.

"도사님이 내가 당신을 잡을 수 있으면 당신과 결혼해도 된다고 하던대요."

발상의 전환

자녀들이 이런 말을 하면 살이 찐 것이다.

"엄마가 소파보다 편해!"

저울 + (   ) =   ?

 두 개의 단어를 합쳐서 할 수 있는 것들은?

글이나 그림으로 표현하기

이렇게 생각하는 이유는?

| 오늘의 키워드 | 제품화한다면 이름은? 핵심은? 사용자는? |

종이컵

나이와 관심 분야에 따라 사람들은 종이컵의 사용 방법이 다릅니다.

어른: 삼겹살 구울 때 기름받침, 쌈장 그릇, 술잔, 재떨이, 라면 접시 대용.

어린이: 놀이용, 공작용, 전화기 만들기, 문어 만들기, 컵 쌓기, 떡볶이 컵.

"포경수술 후 고추 보호막으로 써요."

"병원에서 오줌 받아오래요."

종이컵에 무엇을 합쳐볼까요?

종이컵+스푼, 종이컵+커피스틱, 종이컵+빨대.

종이컵+손잡이, 콘 모양 종이컵. 종이컵+홀더, 접을 수 있는 종이컵.

종이컵+뚜껑, 종이컵+광고, 종이컵+구구단, 종이컵+할인쿠폰.

시중에 나와 있는 제품들은 무엇을 합치든 마시는 용도입니다.

환경보호, 일회용 안 쓰기, 카페에서 일회용 컵 제공하지 않기, 기내에서 종이컵 없애기.

앞으로 일회용 종이컵의 사용은 점점 줄어들겠지요.

그렇다면 종이컵 회사들은 이제 어떻게 하면 좋을까요? 매출은 줄어들 텐데.

만약 종이컵을 마시는 용도로 사용하지 않는다면 어떤 일이 벌어질까요?

재미와 건강을 줄 수 있는 종이컵은 없을까?

아이들이 하는 전화놀이처럼 정말로 종이컵으로 핸드폰을 만들면 어떨까?

탄수화물 기준량이 표시된 다이어트 종이컵은 어떤가요?

어르신들 치매 예방과 아이들 놀이 용도로, 컵 옆면에 절취선이 표시된 작은 원 20개가 있는 종이컵.

심심풀이로 구멍을 하나씩 손가락으로 뚫어보기.

가위바위보 게임을 해서 구멍을 먼저 다 뚫는 사람이 이기는 놀이.

종이컵 모양이 원형이 아니라면? 네모라면? 반달 모양이라면?

종이컵이 지갑이라면?

종이컵+딱지: 종이컵 밑바닥을 딱지로 사용합니다.

종이컵+마스크: 카페용 종이컵으로 입과 코가 다 가려져요.

인터넷에 보니 종이컵으로 네일아트를 하는 사람도 있네요.

평생 사용할 수 있는 종이컵은?

종이컵 모양의 도자기 컵을 만들면 되겠지.

유머 상상력

아이 셋을 돌보느라 힘이 빠진 아내가 남편에게 말했다.

"여보, 아이들이 내게 종교, 꽃, 나비, 동물, 삶과 죽음 등 다양한 질문을 계속해요. 호기심이 넘치나봐요. 그런데 당신과 함께 있을 때 아이들은 무얼 묻죠?"

남편이 대답했다.

"엄마 어딨어?"

발상의 전환

영화 〈천일의 스캔들〉에서 엄마가 딸에게 하는 말.

"남자에게서 원하는 걸 얻어내면서도 남자가 자신이 주도하고 있다고 믿게 만드는 법을 배워라. 그게 여자의 기술이다."

종이컵 + (　　　) = 　　　　　　　?

 두 개의 단어를 합쳐서 할 수 있는 것들은?

글이나 그림으로 표현하기

이렇게 생각하는 이유는?

오늘의 키워드　　제품화한다면 이름은? 핵심은? 사용자는?

책

이 세상의 모든 책이 공짜라면?

"벌써 공짜인데요. 도서관에 가면 무료로 빌려줘요."

만약 모든 사람들이 책을 사지 않고 도서관에서 빌려서 볼 수도 있는데, 그것도 무료로.

그런데도 왜 출판사나 작가들은 가만있을까요?

나무+책, 종이+책, 전자+책, 오디오+책, 비디오+책.

책은 앞으로 어떻게 발전할까요? **미래에 사람들이 책을 읽기나 할까요?**

4차 산업 이후의 세상은 넘쳐나는 정보와 자료들로 작가나 출판사는 그 책을 읽어주는 독자들에게 오히려 감사함을 표현해야 될 수도 있습니다. 읽어주는 것도 고마운데 어떻게 돈을 받겠습니까?

그럼, 출판사는 이제 어디서 수익을 내야 하나요?

국어사전에는 '책'을 다음과 같이 정의하고 있습니다.

1. 종이를 여러 장 묶어 맨 물건.

2. 목적, 내용, 사상, 감정, 지식 따위를 글이나 그림으로 표현, 인

쇄하여 묶어놓은 것.

종이를 묶어놓은 것이 책이라면 글솜씨가 없어도, 국문학과를 나오지 않았어도 누구나 책을 낼 수 있겠지요. 교보문고 2020년 2월 넷째 주 종합 베스트셀러 1~3위는 우리가 상식적으로 생각하는 책이 아니었습니다.

1위: 설명서에 따라 도면을 뜯어 펭수 인형을 만드는 책(페이퍼 토이북)이었습니다. 과거에 이런 종이접기는 서점이 아니라 문방구에서 팔았지요.

2위: 펭수 캐릭터가 들어간 다이어리였습니다. 예전에 다이어리는 월간지 신년 사은품이나 기업체 선물, 문방구 판매용이었습니다.

3위: 5년 치 다이어리. 5년 동안 쓰는 개인 노트였습니다. 역시 문방구에서 팔았지요.

유명한 작가들이 10년, 20년씩 고뇌하고 인내하면서 쓴 책이 아니라, 더구나 글이 하나도 없어도 '책'이라고 주장하고 소비자들은 '책'으로 인정하면서 구매합니다.

읽기만 할 건가요? 보기만 할 건가요? 이제 당신도 책을 내보세요. **책은 대단한(?) 사람들이 글로 쓰는 시대에서, 아무나 낼 수 있는 시대로 바뀌었습니다.**

관점을 바꾸세요. 취미가 책이 되고, 낙서가 책이 되는 시대입니다. 글이 하나도 없어도 책이 됩니다!

유머 상상력

교직원 휴게실에서 한 교사가 동료 교사들에게 말했다.

"내 교육방법이 먹혀들었어. 애들한테 구구단은 너희들이 몰라도 되는 거라고 말했거든. 그랬더니 일주일 안에 모두들 외우더라고!"

발상의 전환

"이런 잡지를 왜 사요?"

"광고 보려고!"

평소에 책을 읽지 않는 사람은 시간적으로나 공간적으로 자기만의 세계에 감금당하게 된다. ─임어당

책 + (　　　) = 　　　　　?

 두 개의 단어를 합쳐서 할 수 있는 것들은?

글이나 그림으로 표현하기

이렇게 생각하는 이유는?

오늘의 키워드　　제품화한다면 이름은? 핵심은? 사용자는?

바퀴

관점 1: 어떻게 하면 쉽게 이동할까?
타는 것의 변화를 가져오다. 짐을 나르는 방식의 변화를 가져오다.
수레를 끄는 가축 사육의 진화에도 영향을 미치다.
특히 오늘날 자동차 문명을 가능하게 하다.

"영화에서 봤는데, 미래에는 바퀴 없이도 차들이 다니던데요?"
세상이 아무리 바뀌어도 가장 기본적인 원리와 제품들은 사라지지
않습니다.
바퀴는 용도가 달라질 뿐이지 항상 존재할 것입니다.

관점 2: 바퀴에 오돌토돌 톱니 같은 요철을 만들자!
이런 생각을 어떻게 할 수 있었을까요?
톱니바퀴: '힘, 동력을 전달하는 장치'로서의 바퀴.
바퀴를 이동용으로 사용하지 않겠다는 이런 생각은 어디에서 나오
는 걸까요?
힘을 전달하는 톱니바퀴가 없다면 자동차도 존재할 수가 없을 겁니다.

관점 3: 동전에 톱니바퀴는 왜 만들었어요?
궁금하시면 직접 한번 찾아보세요.

바퀴의 종류는 무수히 많습니다.
마차 바퀴, 자동차 바퀴, 자전거 바퀴, 인라인스케이트 바퀴, 비행기 바퀴. 모두 이동용이지요.

관점 4: **이동수단도 아니고 동력 전달용도 아니라면 바퀴로 뭘 할 수 있을까?**
바퀴+편리함, 바퀴+놀이, 바퀴+재미, 바퀴+IT.
학생들을 위한 바퀴 달린 가방, 어린이들을 위한 바퀴 달린 우산, 놀이처럼 즐기는 바퀴 달린 운동화, 전동 퀵보드.

만약 움직이지 않는 바퀴를 만든다면 미친 걸까요?

관점 5: **어떻게 멈출 것인가?**
바퀴+브레이크.
달리는 자동차를 멈추고, 회전하는 톱니바퀴를 세우려면?
생명을 지키고 안전하게 속도를 제어하려면 반드시 필요한 것이 브레이크 장치입니다.
누군가는 움직이려고 하고, 누군가는 세우려고 합니다.

음과 양, 남자와 여자가 있듯이 사물의 한 면만 보지 말고 전체를 볼 수 있는 관점이 중요합니다. 바로 당신처럼!

유머 상상력

고등학교를 막 졸업한 딸이 운전면허를 땄다.

딸은 서툰 운전 솜씨를 더 이상 걱정하지 않고 그것을 이용해 돈을 벌기로 했다.

그래서 '내 운전 솜씨 어때요?'라고 쓴 스티커를 차 뒷유리에 붙이고, 그 밑에 유료전화 1577국의 번호를 붙였다. 그러자 한번 전화가 걸려올 때마다 20원씩 수입이 들어와 한 달에 6만 원을 벌었다.

발상의 전환

우수한 성적으로 대학을 졸업하고, 전 재산을 빈민구호단체에 기부하고 자연으로 떠난 청년의 이야기를 다룬 영화 〈인 투 더 와일드〉에서.

"삶의 기쁨을 인간관계에서만 찾으려는 건 잘못이에요. 신은 곳곳에 삶의 기쁨을 심어두셨죠. 우리가 경험하는 모든 것에 삶의 기쁨이 존재해요. 우린 그저 관점만 조금 바꾸면 돼요."

바퀴 + (　　　) = 　　　　　　？

 두 개의 단어를 합쳐서 할 수 있는 것들은?

글이나 그림으로 표현하기

이렇게 생각하는 이유는?

오늘의 키워드　　제품화한다면 이름은? 핵심은? 사용자는?

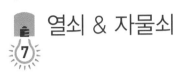

열쇠 & 자물쇠

열쇠+자물쇠.
혼자서는 아무것도 할 수 없습니다. 탄생 자체가 융합입니다.

자물쇠의 역할은 도난 방지와 지킴이 주 용도인데, **만약 자물쇠를
황금으로 만든다면?** 도둑이 자물쇠만 훔쳐갈까요?
사실 자물쇠 없는 세상이 좋은 세상이겠지요.
최초의 자동차에는 잠금장치가 없었다고 합니다.

사랑+자물쇠.
집을 지키는 게 아닙니다. 물건을 지키는 것도 아니고요. 사랑을 지
킨답니다.
남산타워에 올라간 수많은 사람들이 맹세하며 매단 사랑의 자물쇠들.
그들은 아직도 사랑하고 있을까요?

소원+자물쇠 & 열쇠.
사랑 자물쇠가 인기를 끌자 소원 자물쇠 행사를 하는 단체도 생겼습니다.
가방 열쇠, 책상 열쇠, 금고 열쇠, 자전거 열쇠, 현관 열쇠, 곳간 열쇠.

우리는 수많은 열쇠를 가지고 다녔고, 열쇠 꾸러미가 많은 사람들은 부자처럼 보였습니다.

기술의 발달로 자물쇠와 열쇠는 많은 변화를 이루어냈습니다.
사람들이 열쇠를 가지고 다니지 않습니다. 대신 비밀번호를 누르는 스마트 도어락.
"비밀번호를 자주 잊어버려요."
그런 분들을 위한 음성, 얼굴, 눈, 지문 따위의 생체인식 도어락.

핸드폰 비밀번호, 컴퓨터 비밀번호, 가입한 사이트 비밀번호, 은행 비밀번호 등 서로 다른 비밀번호를 잊어버려 자신의 정보를 보기도 힘들어집니다.
하나로 통일할까요? 위험하다고 3개월마다 계속 바꾸라고 알람이 오네요.

자동차 열쇠고리를 선물로 받았습니다. 고급스럽고 예쁩니다.
열쇠고리에 이런 기능이 있으면 어떨까요? **열쇠고리+음주측정기**.

열쇠+목걸이, 자물쇠+목걸이, 한쪽은 열쇠+한쪽은 자물쇠인 귀걸이도 괜찮겠네요.

자물쇠는 점점 강하고 튼튼하고 완벽한 제품들이 계속 나올 겁니다.
그런데 인공지능 시대에 들고 다니는 **열쇠가 과연 필요할까요?**
열쇠를 완벽하게 대체할 수 있는 것은 무엇일까요?

유머 상상력

이상한 법칙들.

1. 몸을 욕조에 담그면 전화벨이 울린다.

2. 빵은 항상 잼을 바른 쪽이 바닥에 먼저 떨어진다.

3. 접시는 꼭 깨끗이 닦은 후에 깨진다.

4. 마트에서 계산할 땐 항상 옆줄이 더 빠르다.

5. 짜증 나는 상황은 꼭 한꺼번에 닥친다.

발상의 전환

한 회사에서 회사 경비를 줄일 수 있는 아이디어를 제공하는 직원에게 100만 원을 주겠다고 공고했다. 맨 처음 100만 원을 탄 사람은 그 상금을 50만 원으로 줄이라고 제안한 직원이었다.

열쇠 & 자물쇠 + (   ) =   ?

 두 개의 단어를 합쳐서 할 수 있는 것들은?

글이나 그림으로 표현하기

이렇게 생각하는 이유는?

오늘의 키워드   제품화한다면 이름은? 핵심은? 사용자는?

변기

발상 1: 집안에 화장실을?
발상 2: 어떻게 잘 누게 만들 것인가?
발상 3: 화장실에서 건강관리를?

먹고사는 데 지장이 없다 보니 이제 사람들은 잘 싸는 데 관심을 갖기 시작했습니다. 건강의 핵심은 잘 먹고 잘 누는 것이거든요.

신기술을 구경만 하는 사람, 신기술을 이용하는 사람.
어떤 이들은 새로운 기술을 발 빠르게 변기에 적용합니다.
원적외선+변기, 음이온+변기, 오존발생기+변기 등 다양한 제품이 개발됩니다.
마사지+변기, 온열찜질+변기, 지압+변기 등 앉아만 있어도 피로가 풀립니다.
단점도 있겠지요. 한번 앉으면 편해서 일어나려고 하지 않습니다.
건강 챙기려다 변비가 생길 수도 있지요.
냄새 흡입장치+변기, 소변 분석장치+변기, 체지방 측정+변기.
대변 한번 보면서 각종 질병을 진단하고 비만 관리까지 할 수 있다면!

인체 감지센서를 활용하여 머문 시간을 계산하여 물의 양을 다르게 배출하는 제품.

비데 사용 시간과 혈액 유무로 여성의 생리주기와 배란일을 판단하는 기능의 변기, 자동세척 기능을 지닌 변기, 한방 훈증으로 질병을 예방하는 변기들도 나올 겁니다.

"물 내릴 때 소리가 안 났으면 좋겠어요."
소음을 흡수하는 제품도 곧 나올 겁니다.

발상 4: **변기로 다른 것들을 한다면?**

아주 오래전에 저는 대중목욕탕을 레스토랑으로 하면 어떨까? 생각해본 적이 있습니다. 그로부터 10년이 안 되어 일본에서 '목욕탕 식당'이 문을 열었더군요.

중국에서는 변기의자, 변기식기를 사용하는 레스토랑도 생겼습니다.

한국 어느 카페 정원에는 휴게실 의자로 변기를 설치해둔 곳도 있습니다.

변기 뚜껑 던지기 대회, 변기 자전거 레이싱 대회도 열리고 있습니다.

가장 한국적인 변기는 무엇입니까?
바로 요강.

이런 생각을 합니다.
'세숫대야 냉면'도 있는데, **'요강 칼국수'**는 어떨까요?

유머 상상력

변기 공장 종업원이 봉급날 엄청나게 많은 액수의 수표를 받았다. 그 여자는 시치미를 떼고 가만히 있기로 했다. 그런데 그다음 달에는 보통 때보다 더 적은 액수의 수표를 받았다. 그녀는 사장에게 가서 따졌다.

"지난달에 봉급이 많이 지불되었을 때는 왜 잠자코 있었죠?" 사장이 물었다.

그러자 그 여자는 태연하게 이렇게 대꾸했다.

"한 번 실수한 것은 봐줄 수 있지만 연거푸 두 번 실수를 저지르는 것은 눈감아줄 수 없었어요."

발상의 전환

영화 〈이웃집에 신이 산다〉를 보면, 신의 딸이 고의적으로 인간들에게 각자의 남은 수명과 사망 날짜를 전송합니다. 누구는 30분, 누구는 12년, 누구는 80년…. 이런 식으로요.

자신이 죽을 날을 알게 된 사람들은 어떤 행동을 할까요?
당신의 남은 수명을 알 수 있다면 지금 무엇을 하시겠습니까?

2007년에 아이들과 《생각창조 교과서》라는 아이디어 책을 낸 적이 있습니다. 그때 '커터 칼+가위' 아이디어를 내고 사진으로 찍어서 책에 실었습니다.

그 아이디어 칼이 2019년에 제품으로 나와 있더군요.

가위+도마.
주방용 제품 중에 가위 한쪽에 도마 받침이 있는 가위입니다. 생각이 기발합니다.

우리 몸속의 DNA 절단 기능을 가진 '유전자 가위'도 있습니다.

"나 지난밤에 가위눌렸어."
그 가위는 지금 말하는 가위가 아닙니다.

가위바위보 게임 기계를 만드는 것은 어떤가요?

영화 〈스타워즈〉를 보다가 이런 생각이 들었습니다.
'광선검이 아니라 광선가위를 들고 싸웠다면?'

자르는 용도가 아니라면 가위로 무엇을 할 수 있을까요?

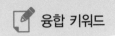
융합 키워드

유머 상상력

돈 많은 남자가 도박 여행에서 돌아와 아내에게 전 재산을 잃었으
니 생활방식을 대폭 바꿔야겠다면서 말했다.
"당신이 요리법을 배우기만 하면 우리는 요리사를 해고할 수 있소."
그러자 부인이 대꾸했다.
"좋아요. 당신이 사랑하는 법을 배운다면 우리는 정원사를 해고할
수 있어요."

발상의 전환

자기 부인이 쓰는 것보다 많이 버는 남자=성공한 남자.
그런 남자를 찾은 여자=성공한 여자.

남자와 행복하기 위해서 여자는 그를 많이 이해하고 조금 사랑해야
한다.
여자와 행복하기 위해서 남자는 그녀를 많이 사랑하고 절대 이해하
려 하면 안 된다.

가위 + (　　　) = 　　　　　　　?

글이나 그림으로 표현하기

이렇게 생각하는 이유는?

오늘의 키워드　제품화한다면 이름은? 핵심은? 사용자는?

87

정보가 넘쳐나는 시대입니다.
머리에 든 게 많으신가요?
지식을 쌓는 시대에서 지식을 활용하는 시대로 바뀌고 있습니다.

"왜들 머리를
땅에 끌고 다니는가?"

"정보비만증이래요."

어떤 사람이 다른 사람보다
우수한 것은 그가 더 많은
지식을 가졌기 때문이 아니라
그 지식을 이용하는 방법을
알기 때문입니다.

3

가정에서 마주치는 키워드

카메라

발상 1: 추억을 담다, 시간을 담다. 카메라에 찍히는 순간 과거가
되니다.

미래를 담는 카메라는 없나요?

사진+사진+사진+사진+사진=움직이는 사진.
움직이는 사진+소리=영화필름, 영사기, 캠코더.
자동차와 안전을 위한 블랙박스 카메라, 후방 카메라, 과속단속 카
메라, CCTV, 감시 카메라.
자연과 레저를 위한 듀얼 카메라, 망원 카메라, 수중 카메라, 위성
카메라, 고속 카메라.
기능과 활용성에 따라 열화상 카메라, 의료용 카메라, 안면인식 카
메라, 360도 카메라.

발상 2: 필름 값이 너무 많이 들어요.
디지털 카메라의 탄생은 사진의 보관을 용이하게 하고 시간을 줄여
주었으며, 수정이 쉽고 소모 비용이 들지 않습니다. 이렇게 좋은 기
능의 카메라라면 영원히 사라지지 않겠지요?
아이러니하게도 경쟁 상대가 아닌 전혀 다른 분야의 적이 나타났습

니다. 핸드폰!

핸드폰이 카메라를 삼키다.

핸드폰과 카메라가 융합되면서 사용자에게 편리한 것이 많아졌습니다. **사진을 찍은 장소, 정확한 위치, 날짜**를 따로 기록해두지 않아도 자동으로 저장됩니다. 추억을 꺼내보기가 더 좋아진 것이지요.

발상 3: 냄새를 찍는 카메라는 어떤가요?

추억을 더욱 실감 나게 느낄 수 있을 텐데요. 특히 요리를 좋아하거나 요리 사이트를 운영하는 분들이라면 효과가 극대화될 것입니다. 정말 사진을 보고 냄새를 맡는 순간, 먹고 싶을 거예요.

발상 4: 소리의 파장을 찍는 카메라.

계곡에서 떨어지는 물을 찍을 때, 파도치는 바다를 찍을 때, 산속에서 지저귀는 새들을 찍을 때, 웃는 아이를 찍을 때, 화내는 상사를 찍을 때, 꽃잎을 스치고 지나는 바람을 찍을 때. **배경과 함께 소리의 파장이 같이 찍힌다면 어떤 모습일까요?**

핸드폰 카메라로 인해 사람들은 더 많은 사진을 찍고 싶은 욕구가 생겼지요. 그 욕구를 파고든 아이디어 중에 '카메라 카페'가 있습니다. 사진관처럼 카페 내부에 정말 멋진 사진을 찍을 수 있도록 인테리어를 한 카페입니다.

셀카봉, 몰래카메라, 3D카메라 등 관련 기능들은 계속 발전하겠지요. 그 좋은 기능으로 당신은 무엇을 담고 싶으십니까? 무엇을 남기고 싶으십니까?

유머 상상력

공무원이 업무를 보러 가는데 주차장이 만원이라 주차금지구역에
차를 세워놓고 앞유리에 '공무수행 중임'이라고 쓴 쪽지를 끼워두
었다.
일을 마치고 돌아와보니 자동차에는 딱지가 붙어 있고 그 밑에 이
런 쪽지가 함께 있었다. '나도 공무수행 중임'

발상의 전환

영화 〈예스터데이〉에서.
"가수는 이미지가 있어야 한다. 이 사람이 당신의 이미지를 담당할
거야."
"제가 이미지가 있어야 하나요?"
"이미지가 없으면 이미지가 부족한 사람으로 이미지 된다."

카메라 + (   ) = ┌──────────────────┐
                        │   ?   │
                        └──────────────────┘

 두 개의 단어를 합쳐서 할 수 있는 것들은?

글이나 그림으로 표현하기

이렇게 생각하는 이유는?

┌───┐
│ **오늘의 키워드**   제품화한다면 이름은? 핵심은? 사용자는?   │
│   │
│   │
│   │
└───┘

냉장고

중국 알리바바 회장 마윈이 발표했습니다.

"중국 전역에서 냉장고를 없애겠다."

그 넓은 중국 대륙에서 14억 인구 모든 가정에서 냉장고를 없앤다는 것입니다. 미친 걸까요?

마윈이 주장하는 것은 바로 **신유통시장**입니다.

신유통은 온라인과 오프라인이 통합되는 쇼핑 시스템을 말합니다.

온라인+오프라인+빅데이터+인공지능+물류.

온라인 주문 및 결제를 통해 소비자 데이터를 수집하고 빅데이터 분석을 통해 소비자 맞춤형 오프라인 상점과 배송까지 책임지는 개념입니다.

마윈은, 앞으로 무엇을 주문하든 **'30분 안에 배달하겠다.** 그러니 마트에 장 보러 가지 말고 물건 사다가 전기요금 내면서 냉장고에 넣어두지 말아라. 그냥 어떤 것이든 30분 안에 집까지 배달해주겠다.' 고 주장하는 것입니다.

과연 마윈의 말처럼 냉장고는 없어질까요?

시원한 것은 먹어야지요? 김치냉장고는요?

예측 가능한 것은 앞으로 냉장고 크기는 줄어들고, 마트의 카트도 작아질 것입니다.

한국 사람들은 김치 먹어야 힘이 나요. 김치냉장고는 괜찮겠지요? 1인 가구 전성시대가 시작되고 있습니다. 김치를 집에서 담가 먹을까요? 담글 줄도 모르고 조금씩 사먹게 될 것입니다. 겨울에 김장을 하는 풍경도 점점 사라지고 1년 내내 김치를 저장하는 김치냉장고도 크기와 용도를 달리하게 될 것입니다.

김치냉장고, 와인 냉장고, 화장품 냉장고, 쌀 냉장고, 소주 냉장고, 반찬 냉장고 등 다양한 기능의 제품들이 시중에 나와 있습니다. 이제 냉장고의 생존 조건은 기능과 용도를 차별화하는 것입니다.

관점 1: **냉장고의 온도를 올리자.**
  온장고, 묵은지 냉장고, 숙성 냉장고.

관점2: **냉장고+웰빙·건강.**
  사용자의 혈압, 맥박, 체중, 체지방 등을 측정하는 건강관리 기능을 갖춘 냉장고.
  음성, 지문 등을 기억하여 잠금장치 및 사용자 인식 기능을 갖춘 냉장고.
  멀티미디어 장치를 내장하거나 인터넷과 연결되는 스마트 냉장고.
  실내 공기를 정화하거나 냉방하는 공기정화 기능을 갖춘 냉장고.

만약 주방에서 냉장고를 없앤다면, 공간 활용을 넓게 하실 수 있을 겁니다. 냉장고가 있던 자리에는 무엇을 두면 좋을까요?

유머 상상력

대형 가전매장이 폐업을 하면서 냉장고를 원가에 판매하는 행사를 하게 되었다. 사람들이 너무 많이 몰려들어 질서를 잡아야겠다고 생각한 지점장이 이렇게 소리쳤다.

"여러분, 한 줄로 서주세요! 여러분 모두가 첫 번째가 될 수는 없습니다. 누군가는 두 번째가 되어야 합니다."

그러자 맨 뒤쪽에 있던 여성이 손을 들고 소리쳤다.

"제가 두 번째가 되겠습니다."

발상의 전환

영화 〈라라랜드〉에서, 피아노 반주자가 연주할 때 바구니에 팁을 자기 돈으로 1달러 넣는다.

왜?

마중물 효과. 사람들은 빈 바구니에 맨 먼저 돈을 넣기 힘들다.

거리에서 구걸하는 사람들 깡통에도 동전이 담겨 있다.

냉장고 + (　　　) = 　　　　　?

 두 개의 단어를 합쳐서 할 수 있는 것들은?

글이나 그림으로 표현하기

이렇게 생각하는 이유는?

오늘의 키워드　　제품화한다면 이름은? 핵심은? 사용자는?

진공청소기

어느 날 피곤해서 퇴근 후 쉬고 있는데 아내가 말했습니다.

"청소기 좀 밀어줄래요?"

몸이 피곤하니 청소기를 밀면서 이런 생각이 들었습니다.

'왜 하기 싫을까? 왜 재미가 없을까?'

그렇다면 사람들에게 재미를 주자. 재미있으면 스스로 할 거니까!

발상 1: 청소기+총, 청소기+대포, 청소기+박격포.

영화 〈람보〉에서 보면 주인공이 적을 물리치기 위해서 들고 나오는 무기들이 있습니다.

남자들이 좋아하도록 청소기 모양을 기관총처럼 만들어주는 것입니다.

이제 남자들은 말할 것입니다.

"다른 것은 다 해도 청소만 하지 마. 퇴근 후 먼지 적들과 전쟁을 벌이겠다."

발상 2: 먼지 봉투를 없앤다면?

전 세계에서 가장 많이 사용하는, 먼지 봉투 없는 청소기를 만든

다이슨.

창업자인 제임스 다이슨은 말합니다.

"좋은 디자인은 어떻게 생겼는가가 아닌 어떻게 작동하는가를 고려할 때 나온다."

진공+스팀 청소기, 진공+물걸레 청소기, 진공+미세먼지 청소기, 진공+진드기 청소기 등 진화는 계속되고 있습니다.

발상 3: 진공청소기+공기청정기.

뭐든지 빨아들이고 뭐든지 깨끗하게 정화시키는 청소기.

황사와 미세먼지만을 걸러내는 대한민국 전체를 덮는 진공청소기는?

발상 4: 휴지통이나 쓰레기통에 진공청소기 기능이 달려 있다면 어떨까요?

휴지통 근처에 아무거나 버려두면 센서가 감지해서 자동으로 빨아들입니다.

내 마음의 미움과 분노를 없애주세요.

내 마음의 갈등과 상처를 청소해주세요.

가슴에 가져다 대면 마음속 울분들을 싹 다 끌어내버리는 진공청소기는 없을까요?

지금 당신이 없애고 싶은 것은 무엇입니까?
그것만 제거하면 행복해질까요?

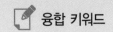

유머 상상력

남편이 청소를 할 때는 도움을 주는 것이라 하고, 부인이 청소를 할 때는 인생이라고 한다.

여자가 결혼을 미루면 '독립성'이 있어서 그런다 하고, 남자가 결혼을 미루면 '구속되는 것'을 두려워하기 때문이라고 한다.

발상의 전환

영화 〈마약왕〉에서.
"너 산수시간에 분수 안 배웠지?"
"분수? 그건 국어시간에 배우는 거 아냐? 네 분수를 알라."

진공청소기 + (   ) =   ?

두 개의 단어를 합쳐서 할 수 있는 것들은?

글이나 그림으로 표현하기

이렇게 생각하는 이유는?

오늘의 키워드　　제품화한다면 이름은? 핵심은? 사용자는?

세탁기

아내가 물어봅니다.
"세탁기 사용법 배울래요?"

요즘 어린이들은 빨랫방망이와 빨래판을 알까요?
세탁기는 주부의 가사노동을 얼마나 줄여주었을까요?

영화 〈천하장사 마돈나〉를 보면 고등학교 씨름부가 나옵니다. 연습을 할 때면 청팀 홍팀으로 나누어 홍샅바, 청샅바를 넓적다리와 허리에 매고 합니다.
연습이 끝난 선배들이 사용한 샅바를 세탁하는 일은 막내의 몫입니다. 신참 막내가 **청샅바+홍샅바**를 같이 넣고 빨았습니다. 다음날 선수들은 **보라색(핑크) 샅바**를 매야 했습니다.

관점 1: 세탁물을 위로 꺼낼까, 앞으로 꺼낼까?
누군가는 다른 생각을 합니다. **세탁기를 벽에 걸 수는 없을까?** –
벽걸이 세탁기.

관점 2: 세탁기+탈수기, 세탁기+스팀, 세탁기+건조기.
또 다른 생각을 하는 사람들도 있습니다. **물 없이 세탁할 수 없을까?**

관점 3: 세탁기를 가지고 다닐 수는 없을까?
접이식 휴대용 미니 통세탁기, 마우스 모양의 초소형 휴대용 · 여행
용 세탁기입니다. 물을 전기분해해서 생성된 활성산소가 옷의 때를
씻어내는 원리로 옷에 있는 박테리아를 99% 제거한다고 하네요.

진드기를 제거하는 세탁기, 정전기를 제거하는 세탁기, 사물인터넷
과 연결된 디지털 세탁기.
저는 이런 생각도 합니다.
세탁기에 넣은 세탁물을 보고 세탁기가 주인에게 메시지를 보냅니다.
"어제 삼겹살 드셨군요? 고기 냄새를 완벽히 제거해드리겠습니다."
"립스틱이 묻었네요. 비밀로 해드릴게요."

중국에서는 자전거 세탁기도 나왔습니다.
세탁기+운동: 자전거 페달을 돌리는 동안 세탁이 되는 것이지요.

집을 지을 때 드럼세탁기 문을 창문으로 사용하는 사람도 있습니다.

1인 가구가 늘어나면 주거공간은 작아지고, 부피가 큰 세탁물은 외
부에서 해결하고 부피가 작은 세탁물만 가정에서 세탁하게 될 것입
니다. 미니 세탁기와 코인빨래방은 늘어날 것 같습니다.

당신 인생에서 가장 깨끗해지고 싶은 것은 무엇입니까?

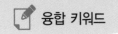

유머 상상력

허리를 다쳤다. 몸을 움직이지 못하니 양말 신는 것까지 아내가 다 해주었다.

그 얘기를 들은 친구들이 물었다.

"자세히 말해봐. 세탁물을 넣을 때 정확히 허리를 어떻게 움직였니?"

발상의 전환

영화 〈명당〉에서 말하는 사람들이 몰리는 시장의 법칙!

1. 물이 아래로 흐르듯 사람은 길을 따라 흐른다.

   시장터에 울퉁불퉁 파인 길부터 다시 고쳐라. 사람들이 이길로 지나다니고 싶도록 편하게 만들어야 한다.

2. 안쪽에 있는 화려한 비단가게와 소리나는 대장간을 입구로 옮겨라.

   분주하게 일하는 소리가 들리게 하라.

3. 물건을 사러 온 사람들이 최대한 많은 것들을 볼 수 있게 하라.

   장독가게, 짚신가게를 배치하라.

4. 고소한 냄새를 맡고 사람들이 찾아오도록 방앗간을 초입으로 옮겨라.

5. 공터 앞에 주막을 배치해 사람들이 모이게 하라.

세탁기 + (　　　) = ［　　　　　　?　　　　　　］

 두 개의 단어를 합쳐서 할 수 있는 것들은?

글이나 그림으로 표현하기

이렇게 생각하는 이유는?

오늘의 키워드　　제품화한다면 이름은? 핵심은? 사용자는?

텔레비전

텔레비전(television): 그리스어 **tele(멀리)**+라틴어 **vision(보다)**.
즉 영상과 음성을 전파나 전용선을 통해 원거리에서 수신, 재현하
는 제품입니다.

혼자서는 할 수 없다.
텔레비전 수상기+방송국+프로그램.

혼자서도 할 수 있어요. 비디오테이프, CD.
그건 진정한 TV의 기능이 아니지요. 모니터지요.

변화의 시작! 스마트 TV: TV+PC, TV+인터넷.
방송국에서 전해주는 단방향의 정보를 시청자들이 일방적으로 수
용한다는 근본적인 방식에서 인터넷의 발달로 쌍방향 서비스가 가
능한 방향으로 진화하고 있습니다.
케이블 TV, IP TV, 스마트 TV. 특히 스마트 TV는 인터넷으로 연결
되기 때문에 컴퓨터처럼 해킹이 될 수 있고, 개인의 일상생활이 몰
래 촬영되거나 전자상거래 정보를 빼내갈 수도 있습니다.

앞으로 TV와 컴퓨터는 완벽하게 하나로 합쳐질까요? 아니면 TV는 모니터 기능만 하게 될까요? 만약 스마트 TV 기능이 있는 빔프로젝터가 대중화된다면 TV는 사라질까요?

유튜브는 TV입니까? 넷플릭스는 TV입니까? 디즈니플러스는, 훌루는?

하드웨어를 파는 사람이 이길까요, 소프트웨어를 파는 사람이 이길까요?

발상: 원하는 시간에, 원하는 장소에서, 원하는 방송을 **본다**.
  원하는 시간에, 원하는 장소에서, 원하는 방송을 **직접 올린다**.

"텔레비전에 내가 나왔으면 정말 좋겠네. 정말 좋겠네."
아이들 노래입니다. 희망사항이었지요. 이제 인터넷의 발달로 마음만 먹으면 누구나 TV에 나올 수 있습니다.

중요한 것은 어떤 콘텐츠를 개인이 가지고 있느냐의 문제입니다.
요리를 하든, 종이를 접든, 장난감을 가지고 놀든 상관없습니다.
인터넷 개인방송이 가능해졌고 당신도 스타가 될 수 있는 기회가 생겼습니다.

가정용 TV가 점점 커지면 영화관은 어떻게 될까요? TV가 주지 못하는, 영화관만이 제공할 수 있는 서비스는 무엇일까요?

TV+요리학원, TV+헬스장, TV+교육, TV+오락실, TV+쇼핑.
아직 경험하지 못한 TV의 기능과 활용법은 무엇이 있을까요?

유머 상상력

"텔레비전을 한 대 사려고 해요."
중년의 여성이 점원에게 말했다.
"어떤 모델을 원하세요?"
"스포츠 프로만 나오지 않는 것이면 아무거나 상관없어요."

발상의 전환

세 살 된 아들을 데리고 버스에 탔는데 앉을 자리가 없었다. 마침 가까이 앉아 있던 수녀 한 분이 아들녀석을 무릎 위에 앉혀주었다. 버스가 목적지에 도착해서 아들을 데리고 내리면서 수녀에게 고맙다고 인사를 했더니 수녀님이 말했다.
"괜찮습니다. 단 아드님의 환상을 깨뜨리지 마세요. 그애는 제가 펭수(펭귄)인 줄 알고 있어요."

텔레비전 + (   ) =   ?

 두 개의 단어를 합쳐서 할 수 있는 것들은?

글이나 그림으로 표현하기

이렇게 생각하는 이유는?

오늘의 키워드   제품화한다면 이름은? 핵심은? 사용자는?

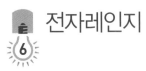

전자레인지

관점: 불 없이 어떻게?

모든 발명의 핵심은 **'인간은 게으르다!'**는 것을 인정하는 것입니다. 불 없이 음식을 요리할 수 있는 기계가 나왔으니 게으른 사람들이 손가락만 까딱하도록 제품을 만들어주거나, 한 끼 식사를 해결하도록 도와준다면 사업은 성공하겠지요.

만들어진 전자레인지를 제대로 **사용도 못하는 사람 vs 별의별 걸 다 해보는 사람.**

1인 가구가 증가하는 시대인 만큼 집에서 부엌은 사라질 확률이 높습니다.
부엌이 없다면 음식은 사서 먹거나 배달해서 먹겠지요. 그것도 싫으면 가정용 간편식을 이용하게 될 것입니다. 향후 포장기술의 발달로 모든 가정용 간편식은 전자레인지 한 번 돌리는 것으로 끝나리라 생각됩니다. 간편식 포장지는 펼치면 바로 그릇이 되고요.
전자레인지 전용 그릇과 1회용 용기, 간편식은 계속 발전할 것입니다.

호기심이 많은 사람들은 모든 재료를 전자레인지에 돌려보겠지요.
그리고 전자레인지로 가능한 요리들을 일반인들에게 알려줄 것입
니다. 그것이 그들에게는 재미있는 놀이거든요.
이렇게 유튜브나 블로그에 올라온 요리들을 일반인들은 따라 하고,
요리를 본 클릭 수만큼 '전자레인지로 가능한 요리'를 올린 사람들
은 돈을 벌 것입니다. 재미가 직업이 되지요.

**2030년에는 세계인들이 대부분 집에서 요리하지 않고 '배달앱'을
통해 식사를 해결할 것이다.** -《뉴욕 타임스》

그렇다면 전자레인지에 넣으면 안 되는 음식은? 직접 한번 검색해
보세요.

전자레인지+토스터, 전자레인지+그릴, 전자레인지+오븐.
전자레인지는 점점 복합 형태로 기능을 확장하고 있습니다.

외국에서는 어떤 아주머니가 기르던 고양이가 비를 맞고 털이 젖자
전자레인지에 넣고 말리려고 한 사건도 있었습니다.
칫솔 살균용, 행주 살균용으로 사용하는 사람도 있습니다.
전자레인지로 7분 만에 컵밥을 만드는 사람도 있고요.

전자레인지에 무엇을 넣어보고 싶으세요? 전자레인지용 전용 그릇
에 새로운 기능을 첨가해본다면 어떤 것이 있을까요?
호기심은 발명의 시작입니다.

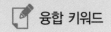

융합 키워드

유머 상상력

원시인 여자가 남편에게 말했다.

"당신이 불을 발견했으니 이제 더운 음식을 달라고 하시겠군요."

발상의 전환

영화 〈버닝〉에서.

부시맨들에게는 두 종류의 굶주린 자가 있다.

리틀 헝거: 그냥 배고픈 사람.

그레이트 헝거: 삶의 의미에 굶주린 사람.

왜 사는가?

어떤 의미가 있는가?

전자레인지 + (   ) = [?]

 두 개의 단어를 합쳐서 할 수 있는 것들은?

글이나 그림으로 표현하기

이렇게 생각하는 이유는?

오늘의 키워드   제품화한다면 이름은? 핵심은? 사용자는?

시계

관점 1: 시계는 시간을 보는 것? 잠을 깨우는 것?

수면의 욕구. 사람들은 아침마다 참 일어나기 힘들어 합니다.
못 일어나는 이유도 다양하지만, 이들을 깨우기 위한 알람시계도
다양해졌습니다.

음식 냄새로 깨우는 시계, 총을 싸서 명중해야 알람이 꺼지는 시계.
발바닥에 차고 자면 새벽에 발바닥을 간지럽혀서 깨우는 시계.
시계+베개: 베개에 알람 기능이 있어 빛과 소리로 깨우는 베개시계.

이런 생각도 해봅니다.
엄마 목소리로 깨우는 시계, 애인 목소리로 깨우는 시계.
만약 있다면 어느 것을 선택하시겠습니까?

관점 2: 통제할 것인가, 통제당할 것인가?

당신은 하루를 통제하면서 살고 있습니까? 아니면 수많은 관계들
을 지켜야 한다는 조바심으로 하루를 통제당하고 있습니까?
시계+시간.
시계는 시간을 재는 기계입니다. 시각과 시각 사이, 과거 · 현재 · 미
래를 연결하는 시간의 연속성을 인지하게 해줍니다. 그렇다면 시계

의 존재 가치를 만들어주는 시간은 무엇입니까? 노래 가사처럼 늙어가는 것입니까, 살아가는 것입니까? 영화 제목처럼 시간에도 주름이 있을까요? 가끔씩 스스로를 들여다보는 시간이 필요합니다. 그 시간들이 쌓여서 우리 삶을 통제하는 힘을 갖게 해줍니다. 지금이 바로 그때입니다.

관점 3: 식물은 어떻게 시간을 인지하는가?

식물이 계절을 인지하듯 사람의 몸에도 생물학적 시계가 있습니다. 심장박동, 체온 변화, 낮밤의 변화, 혈압 변화 등 신체 현상의 주기적 변동을 나타내는 유전자 **생체시계**를 말합니다.

시중에 나와 있는 시계는 해시계, 모래시계, 시침·분침·초침이 필요없는 디지털 시계, 등산장비용 나침반 겸용 시계, 목걸이 시계, 반지 시계, 회중시계, 손목시계 등 다양합니다.

시계+기능.

혈압계와 만보기를 더한 건강시계, 체지방 측정용 손목시계, 음이온 발산 시계, 향기 발산 시계, 졸음 방지 손목시계, 음주측정기 손목시계, 선풍기 달린 탁상시계.

관점 4: 시계는 패션이다. – 고가 명품시계
  시계를 왜 돈 주고 사는가? – 시계는 사은품이다.

제가 본 재미있는 시계는 **뜨개질하는 시계**입니다.
1년이 지나면 목도리 하나가 생산됩니다. 궁금하면 검색해보세요.

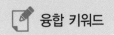

유머 상상력

"정시에 출근할 때의 문제점은 하루가 너무 길어진다는 거야."

발상의 전환

영화 〈가족의 탄생〉에서 남자가 여자에게 말했다.
"이 시계는 보물 앞에서만 울려. 그런데 이 시계가 알람이 울린 적이 한 번도 없었는데 지금 울렸네. 그 보물이 바로 너야!"

시계 + (   ) =   ?

 두 개의 단어를 합쳐서 할 수 있는 것들은?

글이나 그림으로 표현하기

이렇게 생각하는 이유는?

오늘의 키워드   제품화한다면 이름은? 핵심은? 사용자는?

침대

"온돌방 주세요."

허리가 편해야 출장길에 피곤하지 않기에 가끔 온돌방을 요구합니다.

그럼 침대는 온돌방보다 허리에 나쁜 걸까요?

"매트리스를 좋은 걸 쓰셔야죠."

침대와 매트리스 중에서 무엇이 더 중요한 것일까요?

침대+메트리스: 항상 같이 사용해야 할까요?

돌침대는 매트리스 없잖아요.

침대를 선택할 때는 자신에게 맞는 질문을 해야 합니다. 왜 사용하나? 건강하게 자려면? 불면증을 없애려면?

건강에 초첨을 맞춘 흙+침대, 숯+침대, 온열+침대, 원적외선+침대, 물+침대.

의료 기능에 맞춘 병원용 침대, 찜질+침대, 전동침대, 마사지+침대, 지압+침대.

편리함에 맞춤 모션 기능 전동침대, 이층침대, 서랍침대, 소파+침대, 접이식 침대.

만약 침대가 없었다면 **영화의 '베드신'은 '바닥신' '온돌신'으로 불렸**

을까요? 잠자는 숲속의 공주는 무슨 침대를 사용했을까요? 백설공주가 사과를 먹고 잠이 든 곳은 난쟁이들이 사용하던 침대였을까요? 겨울왕국의 엘사는 얼음침대에서 자나요?

스페인의 매트리스 제조업체 덜멧(Durmet)은 배우자의 불륜이 의심될 경우 통보해준다는 스마트 매트리스인 '스마트리스(Smarttress)'를 공개해 화제가 된 바 있습니다. 사람이 잠을 잘 때 평소와 다른 진동이나 압력이 가해지면 바로 핸드폰으로 연락이 오는 침대입니다. '빨리 집에 가보라고.'
해당 날짜, 시간, 총 사용시간, 분당 충격 회수, 침대 눌린 정도와 지점을 알려줍니다.

침대 열차, 침대형 의자, 침대 영화관도 나왔고요. 애완동물 전용침대, 어린이들을 위한 접이식 범퍼 침대, 3층 침대도 있습니다.
침대를 사업에 활용하는 사람들은 바쁜 직장인들을 위한 **낮잠 카페, 수면방, 수면 카페**를 만들어 호텔이나 모텔보다 훨씬 좁은 공간에서 저렴한 가격으로 휴식을 취할 수 있는 새로운 숙박사업을 창업했습니다. 단 건전한 영업을 전제로 합니다.

향후 침대의 발전은 매트리스가 좌우할 것입니다.
수면 중 뇌파, 심장박동, 산소포화도 등 생체신호를 측정하는 매트리스.
코골이를 방지하고 숙면을 취할 수 있도록 도와주는 매트리스.
실내의 온도와 습도 제어 및 침대의 기울기 제어 등의 기능이 적용된 매트리스.

어떤 기능이 침대와 매트리스에 더해지기를 원하십니까?

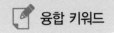 융합 키워드

유머 상상력

동물 가운데 졸리지 않은데도 잠자리에 들고, 졸린데도 잠자리에서
일어나는 것은 인간뿐이다.

발상의 전환

결혼기념일에 아내에게 어디에 가고 싶은지 물었다.
그녀는 "그냥 오랫동안 안 가본 곳에 가고 싶어요."라고 말했다.
남편은 아내를 부엌으로 데리고 갔다.

침대 + (　　) = 　　　　　 ?

 두 개의 단어를 합쳐서 할 수 있는 것들은?

글이나 그림으로 표현하기

이렇게 생각하는 이유는?

오늘의 키워드　　제품화한다면 이름은? 핵심은? 사용자는?

의자

의자는 융합의 기본적인 모델입니다. 최초의 의자는 걸터앉는 용도였습니다.

그 후 면판에 4개의 다리가 달린 일반화된 의자로 발전했습니다.

의자+등받이.

의자+등받이+팔걸이.

의자+등받이+팔걸이+보조 책상.

의자+의자=2인용, 의자+의자+의자=소파.

어떻게 의자에 바퀴를 달아?

의자+바퀴: 이동이 쉬운 사무용 의자나 아주 큰 바퀴를 단 휠체어.

의자는 튼튼하고 흔들리지 않아야 해. 안 그러면 넘어져서 다쳐.

지금은 별거 아니지만 당시로선 일반적 상식을 깬 흔들의자, 회전의자.

의자를 접는다고? - 접이식 의자.

누가 힘들게 의자를 가지고 다녀? - 등산, 낚시, 레저용 의자.

권력의 이동: 권위에서 휴식으로.

의자는 과거 힘과 권력, 권위의 상징이었습니다.

현대로 넘어오면서 사람과 가장 많이 접촉하는 의자는 건강과 휴식의 개념으로 바뀌었습니다. 건강의자, 안마의자, 마사지 의자, 체온·혈압·체중 측정 의자, 게임용 의자, 온열의자 등 사람을 이해하고 인체를 닮아가는 방향으로 발전하고 있습니다.

닛산이 자동차 주차시스템 기술을 적용해 개발한 의자는 의자 스스로 사무실 책상 밑자리를 찾아간다고 합니다. 자세를 교정해주는 의자, 진동 알람 의자, 쌍둥이용 의자도 나왔습니다. 에디슨은 사형 집행용 전기의자를 만들기도 했습니다.

드라마나 영화 촬영장에서 주연배우들이 앉는 의자, 단역들은 얼마나 부러울까요?

혹 이런 의자는 어떻습니까?

사무실에서 방귀 소리와 냄새를 흡수해주는 의자, 빨간색 등, 파란색 등으로 현재 업무가 바쁜지 말 걸어도 되는지 표시되는 의자, 앉으면 몸무게가 나타나는 의자.

새로운 제품이 나오면 편하고 좋다고 하는 사람이 있고, 이 좋은 것으로 돈 벌 수 없을까 고민하는 사람이 있습니다. 안마의자방, 안마의자 카페 등이 그러한 사업입니다.

발상: **의자에 꼭 앉아야만 합니까?**

의자에서 할 수 있는 운동법을 가르쳐주는 사람들도 있습니다.

의자는 운동도구입니다!

유머 상상력

TV 홈쇼핑에서 여덟 가지 기능을 갖춘 의자형 운동기구를 팔고 있었다. 30일간 사용 후 구입 여부를 결정하는 제품이었다.

우리는 2주 동안 써보고 그것을 사지 않기로 하고 회사로 전화를 걸었다.

이튿날 운동기구 회사의 배달원이 우리 집에 도착했다.

"아이구, 또 이 기계네. 요즈음 제가 하는 일은 이 기계를 배달해주고 또다시 가지러 오는 거지요. 이 기계로 운동효과를 보는 사람은 저밖에 없어요."

발상의 전환

드와이트 라이먼 무디가 설교 전에 기도를 하고 있었다. 눈을 뜨고 보니 쪽지가 하나 놓여 있다.

광고인가 하고 보았더니, '바보'라고 쓰인 쪽지였다.

그때 무디가 청중을 향해 이렇게 말했다.

"누가 제게 광고를 전달하셨군요. 그런데 이상하게 '내용'은 없고 '이름'만 써 있네요!"

의자 + (   ) = ?

 두 개의 단어를 합쳐서 할 수 있는 것들은?

글이나 그림으로 표현하기

이렇게 생각하는 이유는?

오늘의 키워드   제품화한다면 이름은? 핵심은? 사용자는?

창조융합의 시대.
한 사람의 아이디어가 국민 전체를
먹여살릴 수 있는 세상.
이제 당신이 기업이며 공장이다!

걸어다니는 기업!
걸어다니는 공장!

개인이 기업이 될 수 있다면
직업의 가짓수는 늘어날까?

"이 나이에 내가 어떻게 그런 일을
할 수 있겠어요?"라는 생각이 든다면
"이런 기회가 언제 다시 오겠어?"라고
관점을 바꿔보세요.

인공지능이 직업을 빼앗아가는 만큼 새로운
기회도 동시에 다가올 테니까요.

사과

제 고향은 사과와 인삼이 유명한 동네입니다.

어릴 적부터 사과는 과자보다 많이 먹고 자랐습니다. 가난한 시절이라 빚을 내서 농사짓고 가을에 수확하면 빚 갚고, 그런 삶이 이어졌지요. 부모님은 가장 좋은 사과는 못 드시고 흠이 있거나 썩은 사과만 드셨습니다. 나이가 들어보니 요즘은 이런 생각이 듭니다.

'그때 수확한 사과 중에서 가장 좋은 것을 팔지 않고 우리 가족이 먹었다면, 현재보다 더 가난해졌을까?'

좋은 것을 내다 팔았어도 생활은 큰 차이가 없었는데 말입니다.

대부분 농부들은 가장 좋은 것을 자신들이 먹지 못할 겁니다.

그런 분들에게, 그리고 저 자신에게 하고 싶은 말이 있습니다.

"당신이 수확한 가장 좋은 것은 당신을 위해 드세요."

사과도 변화를 시작합니다.

어려서 먹을 과자가 없어서 겨울 햇빛에 말린 사과말랭이가 지금은 건강식품이 되었습니다. 포장기술이 발달해서 남는 사과로 사과즙을 만들고 사과잼도 만듭니다.

사과+와인, 사과+식초, 사과+빵, 사과+커피.

"사과를 가루로 먹어?"
심지어 사과를 말려 가루로 만든 사과분말도 나왔습니다.

귀찮아하거나 게으른 사람들을 위해 씻어서 낱개 포장한 사과.
일본에서는 아예 깎아서 먹기 좋게 썰어둔 포장 사과도 있습니다.

세상을 바꾼 사과도 있습니다.
사과+뉴턴 만유인력, 사과+백설공주, 사과+애플컴퓨터, 사과+윌리엄 텔.

"사과로 파리를 정복하겠다."
– 무미건조한 주제를 위대한 미술로 끌어올린 프랑스 화가 폴 세잔

"내가 만지는 모든 것을 황금으로." 미다스가 가장 먼저 만진 과일,
사과.
트로이의 왕자 파리스가 헤라, 아테나, 아프로디테 중에서 가장 아름다운 여신을 고를 때 주었던 과일, **황금사과.**

사과는 어떻게 최초의 과일이 되었을까? 사과+아담과 이브.
내일 지구의 종말이 오더라도 나는 한 그루의 사과나무를 심겠다.
– 스피노자
그렇다면 **사과는 최초의 과일이며 동시에 최후의 과일이 되는 것인가?**

사과는 동그랗다? 앞으로는 별 모양 사과. 네모 사과도 나올 겁니다.
사과는 안 팔고 사과 꽃과 풍경을 파는 사람도 생길 겁니다.

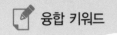

유머 상상력

사과나무의 목적은 사과를 기르는 것이라고 말하지 말라. 특히 5월에는 그 말이 온당치 않다. 5월에는 사과나무들은 자기네들의 존재이유가 꽃을 만발케 하는 것이라고 선언한다. -할 볼란드

발상의 전환

여자: 아저씨!

남자: 저, 아저씨 아닌데요.

여자: 아침에 조기축구 하나요?

남자: 네.

여자: 에이, 그럼 아저씨네.

사과 + (   ) =   ?

 두 개의 단어를 합쳐서 할 수 있는 것들은?

글이나 그림으로 표현하기

이렇게 생각하는 이유는?

오늘의 키워드   제품화한다면 이름은? 핵심은? 사용자는?

마늘

큰 고무대야에 마늘을 가득 담고 물에 불린 뒤 껍질을 까고 있었습니다. 손톱만 한 마늘을 하나씩 까자니 답답하기도 해서 이런 생각이 들었습니다.

'마늘을 사과처럼 크게 만들 수는 없을까?'

마늘을 크게 만들지 못한다면 사람들을 편리하게 해주자. - 깐마늘, 마늘 다대기.

나이가 들면서 체력이 자꾸 떨어집니다. 나도 모르게 건강식품을 검색하고 있거나, 고속도로 휴게소의 지방 특산품 코너에서 기력과 관계된 제품들에 눈이 갑니다.

마늘을 마신다, 마늘액.

알약처럼 먹기 쉬운 마늘환.

남자에게 좋다, 정력에 좋다, 면역에 좋다는 마늘 제품에 손이 갑니다.

마늘+술, 마늘+초콜릿, 마늘+치킨, 마늘+빵, 마늘+피자, 마늘+스파게티, 마늘+족발, 마늘+보쌈, 마늘+햄, 마늘+떡볶이 등 마늘이 들어간 음식들이 개발됩니다. 마늘을 가루로 만들고, 마늘가루를 묻힌 구운김도 나옵니다.

심지어 마늘의 주성분 알리신이 들어간 마늘주사도 사람들이 애용합니다.

마늘+커피, 마늘+녹차, 마늘+케이크, 마늘+향수, 마늘+양초는 어떻습니까?

단군신화에서 곰과 호랑이는 100일 동안 쑥과 마늘을 먹으면 사람이 된다는 약속을 받고 동굴 속으로 들어갑니다. 곰은 처음에 약속받은 100일보다 훨씬 빠른 21일 만에 사람이 됩니다. 5분의 1밖에 걸리지 않았지요. 곰은 생각보다 빨리 사람이 되었는데 호랑이는 왜 못 버티고 뛰쳐나갔을까요?

20일 밤 12시 59분 59초 때 곰은 어떤 모습이었을까요?

싸이월드를 창업했던 선배는 말합니다.

"호랑이가 동굴에 들어가서 쑥과 마늘을 먹을 때 5일이 지난 후 털이 빠지고, 10일째 되었을 때 꼬리가 사라지고, 보름이 되었을 때 발톱이 빠지고…. 이러한 과정이 눈에 보였으면 포기했을까?"

많은 사람들은 성공의 입구에서 그 진행되는 과정이 보이지 않아서 포기합니다.

곰도 사람으로 만드는 마늘.

이렇게 좋은 마늘을 드라큘라는 왜 싫어할까요?

유머 상상력

지하철 노약자석에서 80대 할머니가 옆에 앉은 사람에게 말했다.

"내가 늘 머릿속에 꿈꿔왔던 것은 두 남자와 동시에 즐기는 거라고."

순간 지하철 안의 모든 사람들의 시선이 할머니에게 집중되었다.

그러자 할머니는 웃으며 말했다.

"한 사람은 요리를 하게 하고 다른 한 사람은 청소를 하도록 하는 거야."

발상의 전환

응급실에 실려간 환자. 깨어보니 가톨릭 병원이었다.

원무과 수녀가 "치료비를 어떻게 지불할 것인가요?"라고 물었다.

"급하게 나오느라 돈이 없는데요."

"연락할 사람 없나요?"

"시집 못 간 누나가 있는데 현재 수녀입니다."

그 소리를 듣고 원무과 수녀가 큰 소리로 말했다.

"수녀는 시집 못 간 여자가 아니에요. 하느님과 결혼한 사람이지."

그러자 환자가 말했다.

"그럼 매형에게 청구해주세요."

마늘 + (   ) =   **?**

 두 개의 단어를 합쳐서 할 수 있는 것들은?

글이나 그림으로 표현하기

이렇게 생각하는 이유는?

오늘의 키워드   제품화한다면 이름은? 핵심은? 사용자는?

두부

주변에 있는 일반적인 제품들도 처음 나왔을 때는 상식의 틀을 깬 것들이 많습니다.

"두부를 포장해서 팔겠다." 풀무원이 처음 포장 두부를 내놓았을 때 사람들이 웃었습니다.

요즘 시장을 가보면 일부 주부들은 옛날 방식의 '포장 안 된 두부'만 찾는 분도 있습니다.

두부는 네모다? 기술의 발달로 다양한 모양의 두부도 나오고 있습니다.

단단한 콩을 갈아서 그걸 다시 뭉쳐 두부로 만든다.
먼 옛날에 어떻게 이런 발상을 했을까요?

콩비지, 연두부, 순두부, 찌개용 두부, 부침용 두부, 두부를 기름에 튀긴 유부, 두부를 얼려서 수분을 제거한 스펀지 같은 조직을 가진 언 두부, 두부를 발효시켜 기름에 튀긴 취두부(臭豆腐), 중국식 포두부, 건두부. 참 다양한 제품으로 발전했습니다.

잣+두부, 황기+두부, 솔잎+두부, 해조+두부, 야콘+두부, 참깨·흑임자+두부.

먹기 쉬운 컵+두부, 쌈+두부, 면+두부.

다양함을 찾는 사람들의 욕구만큼 두부의 종류도 많아졌습니다.

두부+과자, 두부+김치+샌드위치도 나왔습니다.

두부+미꾸라지.

냄비에 미꾸라지를 산 채로 넣어 끓이다가 두부를 집어넣습니다.

미꾸라지가 차가운 두부 속으로 들어가게 하여 만든 두부가 **추어두부**입니다. 고단백 저칼로리 음식이지요.

그렇다면 두부 속에 뭐든지 넣을 수 있겠네요?

햄+두부, 치즈+두부, 오이+두부, 과일+두부, 인삼+두부.

우리나라 사람들 두부김치 좋아하는데, **두부 속에 김치가 들어 있는 김치두부는?**

두부+커피, 두부+버섯, 두부+한약재=한방두부.

두부를 가루로 만들어서 먹는다면?

두부가 몸에 좋다면 다른 곳에도 좋지 않을까?

두부를 얼굴에 바른다면? – 두부+마스크팩.

두부를 분무기처럼 뿌려서 먹을 수 있다면?

두부를 케첩처럼 짜서 먹는다면?

두부는 중요한 단백질 공급원이며 효능도 좋고 다른 음식과 잘 어울립니다.

두부 같은 사람만 되어도 좋겠습니다.

유머 상상력

한 여인이 옆의 여인에게 말했다.

"난 너무 훌륭한 순두부 요리법을 알고 있어요. 남편에게 순두부찌개를 만들어주겠다고 하면 바로 '외식'하자는 말이 나오거든요."

발상의 전환

영화 〈게드전기 – 어스시의 전설〉에서.

"소중한 것이란 무엇일까?"

"생명이 바로 소중한 것이야."

"어차피 모두 죽는데 목숨을 소중히 여길 필요가 있을까? 끝이 올 줄 알고 있으면서 계속 살아야만 하는 걸까?"

"그게 아니야. 죽을 줄 알고 있으니까 삶을 소중히 여길 수 있는 거야. 네가 두려워하는 건 죽음이 아니야. 살아가는 걸 두려워하고 있는 거야."

두부 + (   ) =   ?

글이나 그림으로 표현하기

이렇게 생각하는 이유는?

오늘의 키워드   제품화한다면 이름은? 핵심은? 사용자는?

막걸리

예전에 출판사 식구들과 커피를 마시다가 '막걸리를 섞으면 어떨까요?'라고 말을 건넸습니다.

마침 사다 놓은 막걸리가 있다고 하여 그 자리에서 커피를 끓이고 농도를 다르게 하여 막걸리를 혼합하여 먹어보았습니다. 맛은 없었어요. 그로부터 몇 년이 지났는데 정말로 **'커피 막걸리'**가 제품으로 나왔습니다.

막걸리, 융합에 눈뜨다.

대한민국 무수히 많은 음식 가운데 가장 빠르고 널리 융합을 시도한 제품이 막걸리입니다. 각 지자체마다 그 지역의 특산물을 가지고 막걸리를 만들고 있습니다. 젊은층을 위한 퓨전 막걸리도 개발되고 있습니다.

멜론+막걸리, 바나나+막걸리, 복숭아+막걸리, 치즈+막걸리, 밤+막걸리, 호박+막걸리, 청포도+막걸리, 잣+막걸리, 애플망고+막걸리, 옥수수+막걸리, 인삼+막걸리, 홍삼+막걸리, 딸기+막걸리, 고구마+막걸리, 매실+막걸리, 복분자+막걸리.

막걸리로 못하는 게 없습니다.

심지어 흑당막걸리, 초코막걸리, 국화막걸리까지도 만듭니다.
이러다가 **김치막걸리, 된장막걸리, 고추장막걸리**도 나올지도 모르
겠네요.
몰디브 가서 **막걸리모히토** 한잔은 어떠세요?

막걸리+유산균.

막걸리는 물 80%와 알코올 7%를 제외한 나머지 13%가 단백질, 탄
수화물, 지방, 식이섬유, 유기산, 비타민 B와 C, 유산균, 효모 등으
로 이루어져 있다고 합니다. 유산균 함량은 생막걸리의 경우 ml당 1
억 마리로 일반 유산균 음료의 열 배라고 하네요.
이렇게 좋은 걸 어른들만 먹으면 되겠습니까?
알코올만 제거하면 건강음료인데, **어린이용 막걸리**는 어떤가요?
유산균처럼 떠먹는 막걸리도 있습니다.

개성을 좋아하는 사람들을 위해 '나만의 막걸리'를 만들 수 있는 막
걸리 분말.
샴페인 느낌의 **탄산+막걸리.**
꽃을 마시자! **꽃+막걸리.**
막걸리의 변신은 어디까지일까요?

서민의 음식 막걸리를 가장 고급스런 비싼 술로 만들려면 어떻게
하면 될까요? 금가루라도 뿌릴까요?

영화 〈기생충〉에서 짜파구리 라면을 끓일 때 소고기 등심을 올렸
듯, 어떤 것이 더해지면 막걸리의 품격이 올라갈까요?

유머 상상력

아내와 막걸리를 마시며 TV에서 영화를 보고 있는데 외국의 유명 남자 배우가 주인공으로 나왔다. 아내가 "정말 섹시한 남자다!"라고 말하자 무시당한 느낌이 들어 이렇게 대꾸했다.

"그렇군. 그러나 저 배우에게서 잘생긴 얼굴, 튼튼한 몸, 큰 키, 많은 수입을 빼면 무엇이 남을까?"

그러자 아내가 말했다.

"그럼 당신이 되겠네요!"

발상의 전환

영화 〈버닝〉에서.

"무슨 일 해요?"

"그냥 놀아요. 요즘은 노는 것과 일하는 것의 구별이 없어졌거든요."

막걸리 + (   ) = [?   ]

 두 개의 단어를 합쳐서 할 수 있는 것들은?

글이나 그림으로 표현하기

이렇게 생각하는 이유는?

오늘의 키워드   제품화한다면 이름은? 핵심은? 사용자는?

국수

어렸을 때 가난 때문에 국수 참 많이 먹었습니다. 죽도 많이 먹었지요. 저는 부모님이 죽을 좋아하시는 줄 알았습니다. 세상이 바뀌어서 **죽이 밥보다 비싸질 줄은 몰랐습니다.**
국수는 가난한 음식에서 별미로 거듭났습니다.

재료에 따라 국수의 종류도 다양합니다. 대부분 밀가루 국수고요.
쌀로 만든 쌀국수.
녹두 · 감자 · 고구마 등의 녹말로 만든 국수=**당면.**
메밀을 많이 넣은 평양**냉면**, 옥수수와 고구마 녹말을 넣은 함흥냉면, 칡을 넣은 칡냉면.
6·25전쟁 후 부산으로 온 피난민들이 메밀이 부족해 만든 **메밀+밀가루=밀면.**
냉면을 만들려다가 면이 실수로 굵게 나와서 탄생한 **쫄면.**
밀가루에 계란을 넣어 만드는 이탈리아 국수=**스파게티.**
칼국수면 밀다가 귀찮아서 대충 손으로 뜯어 넣은 **수제비.**
어묵으로 길게 만드는 **어묵국수.**

육수에 따라서도 맛이 다릅니다.

해산물로 우려낸 해물 육수, 동치미 국물, 닭 육수, 쇠고기 육수.

삶을까? 볶을까? 버무릴까? 튀길까?
만드는 방식에 따라서도 달라집니다.
쌀국수, 막국수, 밀국수, 칼국수, 잔치국수, 메밀국수, 고기국수,
곱창국수, 모리국수, 어탕국수, 냉면, 비빔면, 사과비빔국수, 선지
국수, 육개장국수, 콩국수, 물회국수, 짜장면.

면을 뽑는 방식에 따라서도 차이가 있습니다.
소면(素麵): 반죽을 길게 늘여서 막대기에 감아 당기며 만든다.
압면(押麵): 구멍이 뚫린 작은 통 사이로 눌러 뽑아낸다.
절면(切麵): 밀대로 밀어 칼로 썰어 만든다.(칼국수)
납면(拉麵): 반죽을 양쪽에서 당기고 늘려 여러 가닥으로 만든다.(짜장면)
지역에 따라 제작 방식도 천차만별이며 면의 모양도 굵기도 종류가
각양각색입니다.

웰빙+색깔.
비트+국수, 당근+국수, 치자+국수, 뽕잎+국수, 클로렐라+국수,
녹차+국수.
식물을 주원료로 하여 국수 한 가닥의 면발에 이러한 고유 색상과
효능들을 융합한 국수.

음식 보관의 혁명: 국수를 말려서 건국수를 만들었습니다.

국수+놀이: 심심할 때 유통기간 지난 국수로 할 수 있는 놀이는 없
을까요?

유머 상상력

결혼식 피로연에 빠지지 않고 나왔던 음식 중 하나가 잔치국수다.
평생을 사이좋게 지낸 부부에게 비결을 물어보았다.
"우리는 결혼반지에 글을 새겨넣었어요."
"어떤 글요?"
부부는 반지를 빼서 안쪽에 새겨진 글을 보여주었는데, 이렇게 적
혀 있었다.
'도로 껴요!'

결혼은 한낱 의식이나 행사의 끝이 아니다. 그것은 극히 가까운 사
람들이 함께 추는 어렵고 긴 춤과 같다. 이 춤을 잘 추기 위해서는
당신의 균형감각과 알맞은 파트너의 선정이 무엇보다도 중요하다.

발상의 전환

얼굴은 인간의 바코드다!
만약 얼굴을 보고도 구별을 할 수 없다면?
'안면인식장애'를 다룬 영화 〈페이스 블라인드〉에서 범인은 말한다.
"난 당신 앞에서 숨을 필요가 없다. 날 못 알아보니까."
그렇다면, 어떤 방식으로 사람들을 구별해야 할까?
자신만의 방법을 찾아야 한다.
목소리, 액세서리, 제스처, 걸음걸이 등.

국수 + (   ) = | ? |

 두 개의 단어를 합쳐서 할 수 있는 것들은?

글이나 그림으로 표현하기

이렇게 생각하는 이유는?

제품화한다면 이름은? 핵심은? 사용자는?

고추장

고추장 없는 떡볶이?
고추장 없는 비빔밥?

〈기생충〉, BTS 열풍에 K팝, K컬처와 함께 K푸드 바람이 불고 있습니다. 김치, 불고기, 비빔밥, 떡볶이 등 한국의 음식문화가 세계로 확산되고 있습니다.

K소스라고 불리는 **고추장**. 건강한 천연 먹거리이자 발효음식의 대표로 미국에서는 김치, 쌈장과 더불어 보통명사화되어 제품명에 그대로 실리고 있습니다. 현지에 맞게 케첩처럼 뿌려 먹을 수 있도록 생산되기도 합니다. 세계화를 위해서 각 나라별 입맛을 고려한 고추장 개발도 진행되고 있습니다.

국내에서도 마찬가지입니다.
지자체마다 특산물을 활용한 고추장을 제품으로 출시합니다.
더덕+고추장, 매실+고추장, 벌꿀+고추장, 송이+고추장, 능이+고추장, 조청+고추장, 찹쌀+고추장, 보리+고추장, 수수+고추장, 팥+고추장, 고기볶음+고추장, 굴비+고추장.

고추장으로 만드는 음식에도 변화가 일어납니다.

고추장+피자, 고추장+스파게티, 고추장+김밥, 고추장+샐러드, 고추장+토스트.

안 되는 것은 없습니다. 어떤 음식이든 한번 도전해보세요. **고추장+마요네즈, 고추장+쿠키, 고추장+스낵, 고추장+빵.**

관점: **파란 고추장, 노란 고추장, 초록 고추장?**
고추장을 풋고추나 청양고추로 만들면 초록색일까?

향후 10년 안에 대한민국은 초고령사회와 1인 가구 시대가 시작됩니다. 20대와 30대 상당수의 젊은이들은 혼자 사는 삶에 익숙해지게 될 겁니다. **1인 가구가 한 끼 식사를 위해 재료를 사서 해 먹는 게 쌀까요, 사 먹는 게 쌀까요?**

가성비 따지는 시대입니다. 젊은이들은 '혼밥족'의 증가로 사 먹거나 배달 음식을 이용하게 될 겁니다. 당연히 집에서 부엌의 기능은 상실되겠지요. **만약 집에 부엌이 없다면 고춧가루, 마늘, 파, 고추장, 간장 등의 양념이 필요할까요?**

단순한 양념류와 제품들은 이제 소비자들을 못 만날 것입니다. 고추장만을 구입하는 시대가 아니라 기능성을 강화하여 다른 음식과 합쳐진 하나의 제품으로 판매해야 합니다.

관점: **초고추장은 식초인가, 고추장인가?**

149

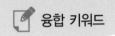

유머 상상력

어떤 환자가 진찰실로 들어오는데 콧구멍에는 오이를, 왼쪽 귀에는
당근, 오른쪽 귀에는 소시지를 꽂고 있었다.
"의사 선생님, 저에게 뭐 잘못된 게 있습니까?"
"있지요. 먹는 방법이 틀린 것 같습니다."

발상의 전환

영화 〈흥부〉에서 소설을 쓰는 흥부의 고민.
'나는 태생 자체가 밝고 명랑해서 비극은 쓸 줄 모른다. 행복한 결
말을 만들자. **제비가 뭘 가져다주면 희망이 될까?'**

"네가 백성이라면 뭘 가졌으면 좋겠느냐?"
"금은보화, 기와집."
"제비가 그걸 어떻게 가져다줘?"

가져다주게 만들려면 제비가 뭘 물어오게 할까?

고추장 + (　　) = 　　　　　　　?

 두 개의 단어를 합쳐서 할 수 있는 것들은?

글이나 그림으로 표현하기

이렇게 생각하는 이유는?

오늘의 키워드　　제품화한다면 이름은? 핵심은? 사용자는?

달걀

얼마나 심심해야 달걀을 세울까?

달걀이 얼마나 많으면 달걀로 바위 치기를 할 수 있을까?

달걀 판 위 걷기를 처음 시도한 사람은 무슨 생각으로 그렇게 했을까?

달걀을 얼굴에 바른다고 했을 때 '미쳤다'는 소리를 듣지 않았을까?

발상 1: 만약 모든 닭들이 달걀을 낳지 않겠다고 파업을 한다면?

닭은 새인가? 그런데 왜 못 날지?

닭은 개처럼 인간에 의해 사육되고 매일 한 개씩 달걀을 낳습니다. 신기하게도 수탉 없이도 알을 낳습니다. 인간에게는 너무나 고마운 일이지요. 더구나 달걀은 완전식품입니다.

닭들이 어느 날 **'이제 한 달에 한 개씩만 낳을 거야.'**라고 한다면, 인류는 새로운 대체 식품을 찾아야 할 것입니다.

달걀을 금처럼 거래할 수도 있습니다. 실제로 베네수엘라는 살인적인 물가 폭등으로 월급을 가지고 달걀 한 판도 못 산다고 합니다.

무정란, 유정란, 오메가 달걀, 구운 달걀, 맥반석 달걀 등 종류도 많고, 달걀이 들어가는 음식도 참 다양합니다.

발상 2: **달걀을 우유팩에 넣어서 팔겠다.** - 액상 달걀.

달걀을 가루로 만들어서 팔겠다. - 보관과 이동이 용이한 달걀 분말.

달걀+차=쌍화탕.

달걀흰자+설탕=머랭.

달걀노른자+오일·식초·소금=마요네즈.

부활절 달걀, 달걀에 그림 그리기, 얼굴 그리기 등 사용하는 방식은 여러 가지입니다.

발상 3: **달걀노른자 부분이 병아리가 되는 걸까?**

노른자는 병아리가 성장하기 위한 양분을 공급합니다.

병아리가 되는 부분은 노른자와 흰자의 경계면에 위치한 배아 부분이며 착상을 거치는 포유동물과 달리 노른자로부터 직접 영양소를 공급받으며 성장합니다.

혹시 집에 여성용 스타킹이 있다면 중간에 달걀을 넣고 빙글빙글 15분만 돌려보세요. 그리고 삶아보세요. 달걀노른자와 흰자가 섞여 있을 겁니다.

달걀 껍데기로 할 수 있는 일들은 무엇이 있을까요?

어떤 개그맨이 아이디어 회의 때 후배들 상상력을 키워주기 위해 낸 문제.

"계란으로 할 수 있는 것 100가지를 적어보시오."

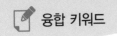
유머 상상력

달걀 농장에서 대형 탑차로 달걀을 운반하는 트럭 기사가 하는 말.
"달걀을 가득 싣고 거래처로 가져가는 데는 몇 가지 길이 있습니다.
달걀이 깨지지 않도록 최대한 조심을 하지요.
먼저 우리는 북쪽 길을 택할 수 있습니다. 그 길은 더 멀지만 다른
길보다 더 좋습니다. 그보다는 약간 가깝지만 도로 여기저기에 구
멍이 뚫린 남쪽 길을 택할 수도 있습니다. 또 위험한 산길을 택할
수도 있습니다.
그러나 우리가 거래처에 도착하면 그곳 사장님은 우리에게 어느 길로
왔느냐고 묻지 않습니다. 다만 '오늘 달걀 좋네요.' 하고 말할 뿐이죠."

인생도 그렇습니다!

발상의 전환

영화 〈시간을 달리는 소녀〉에서.
"미래에서 기다릴게!"

달걀 + (   ) =   ?

 두 개의 단어를 합쳐서 할 수 있는 것들은?

글이나 그림으로 표현하기

이렇게 생각하는 이유는?

오늘의 키워드   제품화한다면 이름은? 핵심은? 사용자는?

쌀

쌀에 칼집을 넣은 현미.

마트에 갔다가 포장지를 보고 놀랐습니다. 쌀알이 작은데 거기에다가 누가 하루 종일 칼집을 넣고 있을까? 기가 막혀서 일부러 한 포를 샀습니다. 뜯어보려고요.

집에 와서 쌀을 쏟아보았더니 정말 한 알 한 알에 칼집이 나 있었습니다.

쌀은 주식인가, 부식인가, 건강식품인가?

영화 〈살인의 추억〉에서 송강호는 묻습니다.

"밥은 먹고 다니냐?"

저희 어머님은 지금도 전화하시면 묻습니다.

"밥은 먹고 사냐?"

장모님과 아내의 차이가 하나 있습니다.

장모님은 남은 밥이 있어도 항상 따뜻한 밥을 지어주십니다.

쌀 소비가 매년 줄어듭니다. 쌀이 남아돕니다. 그래서 각 지자체는 수천만 원의 상금을 걸고 매년 '**쌀 아이디어 공모전**'을 진행합니다.

떡국, 쌀국수, 쌀빵, 쌀강정, 쌀피자, 쌀 이유식, 쌀과자, 쌀엿, 쌀가루, 쌀조청, 쌀케이크, 누룽지, 쌀 파스타, 쌀 짜장면. 쌀 닭강정, 밥알이 들어간 만두, 비빔밥 품은 붕어빵, 라이스 푸딩, 심지어 어린이들 장난감을 대체하는 다양한 색깔의 쌀도 있습니다.

'혼밥족'의 증가로 포장용 즉석밥의 수요는 계속 늘어날 거 같습니다.

쌀을 마시자.

쌀+맥주, 쌀+라테, 쌀+요구르트, 쌀음료, 쌀+막걸리, 쌀+와인.

쌀의 판매를 늘리기 위해서 기능성 쌀들이 나옵니다.

쌀+영양분 코팅.

쌀+칼슘 · 철 · 비타민 등의 미량 영양소를 보충한 기능성 쌀.

쌀+다시마 · 미역 등의 해조류, 쌀+식이섬유, 쌀+금 코팅 쌀.

쌀에 다양한 영양분을 코팅한 질병예방 쌀도 개발하고 있습니다.

정말 잘 팔리는 제품을 만들겠다면 **'쌀+비아그라' 정력 쌀**을 만드는 것입니다.

쌀에 영양분을 코팅하기 어렵다면 **밥물을 팔면 어떨까요?**

밥물에 다양한 기능을 보충해서 그 성분들이 밥 속으로 스며들게 하는 것입니다.

쌀뜨물로 세수하면 미백 효과와 피지 제거 효과가 있다고 합니다.

쌀+화장품.

쌀을 피부로 먹는다면?

유머 상상력

생활비가 많이 든다고 남편과 말다툼한 아내가 실제 돈이 얼마나 드는지 남편에게 보여주기로 했다.

다음 날 저녁상을 차릴 때 반찬 하나하나에 깃대를 꽂고 그 가격을 표시해놓았다. 장롱, 가구, 아이들 옷에도 가격을 표시해놓았다.

그런데 공교롭게도 그날 저녁 남편이 친구들을 집으로 데리고 왔다.

그 일이 있은 후부터 남편은 생활비에 일절 관여하지 않았다.

발상의 전환

영화 〈두 번 할까요〉에서.

부장: 제수씨, 반갑습니다.

직원 아내: 어머, 부장님. 아드님은요? 작년에 제가 대입 시험 볼 때 엿도 사주었는데.

부장: 제수씨가 사준 엿 먹고 재수해요.

쌀 + (　　　) = 　　　　　　?

 두 개의 단어를 합쳐서 할 수 있는 것들은?

글이나 그림으로 표현하기

이렇게 생각하는 이유는?

오늘의 키워드　　제품화한다면 이름은? 핵심은? 사용자는?

김치

살면서 가장 기억나는 선물은 10여 년 전에 받은 김치입니다.
어느 해 1월 1일 아침부터 2주에 한 번씩 모 호텔에서 포장 김치가
1년 동안 집으로 배달되었습니다. 계절별로 그 계절에 나는 재료로
담근 백김치, 열무김치, 포기김치, 오이김치, 깍두기, 물김치, 동치
미 등 1년 동안 갖가지 김치가 집으로 배달되었습니다.
밥을 먹고 김치를 집어들 때마다 보내준 사람이 생각났습니다.

그때 이런 생각을 했습니다. **'월간 김치'를 만들자!**
김치 관련 책이 아닙니다. 일반 가정에 월 1회 계절별 김치를 배송
하는 서비스지요. 지금은 스마트폰 앱과 배달회사의 발달로 김치,
커피, 반찬, 기저귀, 분유, 건강즙 등 다양한 정기구독 서비스가 진
행되고 있지만 당시로선 획기적인 아이디어였습니다.

어떤 음식과도 잘 어울리는 김치는 새로운 기능을 더한 제품으로
거듭납니다.
김치+라면, 김치+스파게티, 김치+피자, 김치+만두, 김치+샌드위
치, 김치맛+스낵, 김치맛+감자칩, 김치+호떡, 김치붕어빵+밥=한

끼 식사.

김치는 안 되는 요리가 없는 만능 재료입니다.

김치는 약이다.

발효식품인 김치 속 유산균을 건강식품으로 약처럼 먹게 만든 **김치 유산균 캡슐.**

김치를 마신다.

해외에서 건강음식으로 개발된 **김치주스.**

국내에서 출시된 '마시는 김치'는 주스라기보다는 김치말이국수의 김치 국물로 보시면 됩니다.

김치맛+요구르트, 김치맛+마요네즈, 다이어트+김치.

안주가 필요없는 김치맛+막걸리.

어른은 못 먹는 어린이 전용 김치도 나왔습니다.

지자체마다 김치 체험 관광사업도 진행되고 있습니다.

휴대가 간편한 동결건조 김치. 두부김치과자도 있습니다.

이러다가 정말 **'김치+커피'**도 나오겠습니다.

항균·항암 효과가 뛰어나고 비타민과 유산균이 풍부한 김치는 세계화할 수 있는 전통식품입니다.

김치를 사서 먹는다고? 가장 전통적인 한국 음식을 전 세계인이 공짜로 먹을 수 있는 방법은 없을까요?

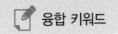

유머 상상력

김치가 발효되듯이 나이를 먹는다는 것은?

나이가 들었다는 징조.
1. 젊고 매력 있는 누군가가 방에 들어와도 아무 느낌이 없다.
2. 섹스 없인 살아도 안경 없인 못 산다.
3. 사람들이 저녁 9시에 전화해서 이렇게 묻는다. "제가 잠을 깨운 건 아닌지요?"
4. 자동차 운전이 항상 즐겁게 느껴지지 않는다.
5. 보험료 때문에 더 큰 차를 사지 못한다.
6. 스카프와 장갑, 자외선 방지 크림을 열심히 산다.
7. 행사장에 갔을 때는 혼잡을 피해서 일찌감치 자리를 뜬다.

발상의 전환

드라마 〈그들이 사는 세상〉에서.
"어머니는 말씀하셨다. 다 별일이 아니라고. 하지만 그건 육십 인생을 산 어머니 말씀이고, 우리는 너무 젊어 모든 게 다 별일이다."

김치 + (   ) = [?]

 두 개의 단어를 합쳐서 할 수 있는 것들은?

글이나 그림으로 표현하기

이렇게 생각하는 이유는?

163

은하계에 수십억 개의 별이 있다고 하면 사람들은 그 말을 믿는다.
그런데 옆에 있는 의자를 가리키며 금방 페인트칠을 한 거라고 하면
사람들은 확인해보기 위해 그 의자를 만져본다.

호기심!

왜 내가 좋아하는 프로그램의 방영시간은 항상 겹칠까?
극장에 갔을 때 멀리 떨어진 자리일수록 주인이 늦게 나타나는 걸까?
냉장고 문을 여는 순간 나는 배가 고픈 걸까, 안 고픈 걸까?
10년 후 어떤 직업이 생겨날까?

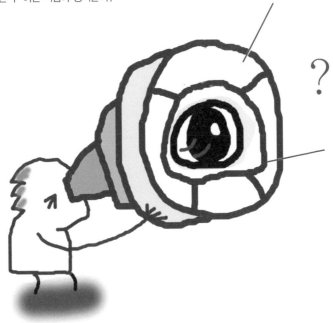

사람들은 두 부류로 나누어집니다.
호기심을 갖는 사람과 무엇을 보든 아무 생각 없는 사람.
창의성은 '왜?'라는 의문에서 시작합니다.

5

소모품 속
키워드

볼펜

펜 끝에 작은 볼을 넣어 회전하게 만들자.

어떻게 이런 생각을 할 수 있었을까?

볼펜은 펜 끝에 부착된 단단하고 작은 볼 베어링이 지면과의 마찰로 회전하면서 잉크를 뽑아내어 볼에 묻은 잉크가 종이에 필기되는 기구입니다.

어떻게 잉크가 흘러나오지 않게 집어넣었을까?

그것도 1938년에 말입니다.

20세기 10대 히트 발명품.

타자기, 복사기와 더불어 3대 발명품으로 꼽히는 볼펜.

저는 20대와 30대 시절에 항상 목에 볼펜을 걸고 다녔습니다.

그 당시는 모든 메모는 손으로 적어야 했는데, 목걸이형 볼펜보다 편리한 것은 없었습니다.

볼펜+자, 볼펜+칼, 볼펜+가위, 볼펜+컴퍼스, 볼펜+나침반, 볼펜+병따개, 볼펜+수정액, 볼펜+졸음 방지 아로마테라피, 볼펜+전등, 볼펜+광고, 볼펜+메모지, 볼펜+USB, 볼펜+장난감, 볼펜+수

평측정기, 볼펜+선풍기, 볼펜+인형, 볼펜+드라이버, 양쪽 바퀴가
달려 일직선이 그어지는 직선 볼펜.
볼펜은 계속 진화하고 발전합니다.

디지털 기술과 볼펜이 결합하여 무엇을 쓰든 자동으로 저장되기도
합니다. 간편한 휴대용 충전기가 내장된 볼펜도 나왔습니다. 학습
용, 주부용, 간호사용, 전쟁용 등 용도에 따라 다양한 제품이 계속
나올 겁니다.

그렇다면 볼펜은 영원히 사라지지 않을까요?
젊은 시절 항상 볼펜과 메모지를 가지고 다니던 저는 스마트폰이
나온 후로는 볼펜을 가지고 다니지 않습니다. 핸드폰 메모란에 입
력하거나 때로는 음성으로도 입력합니다. 문자 입력이 귀찮을 때는
사진을 찍어둡니다. **기록의 방식이 바뀌고 있습니다.**

볼펜+녹음기, 볼펜+카메라.
녹음하고 촬영하는 볼펜은 시중에 나와 있지만 스마트폰의 기능을
이길 수 있을까요?

교육청에서는 칠판과 필기구가 없는 미래형 교실을 만든다고 합니
다. 그럼 학생들은 노트와 필기도구가 필요할까요?
볼펜 대신 디지털 기능의 **'전자펜'**이 더 많이 사용될 것 같습니다.

당신이 볼펜을 사용할 때 불편한 것은 무엇입니까?

유머 상상력

어떤 사람이 관공서에 일을 보러 갔는데 '관계자외출입금지'라는 팻말이 붙어 있는 사무실에 들어갔다가 무안을 당하고 나왔다.
그 친구는 나오면서 한 글자를 지워버렸다.
이제 팻말은 이렇게 바뀌었다.
'관계자외출 금지'

발상의 전환

영화 〈맘마미아 2〉에서.
1. 기숙사에서 친구들 대화.
"부모님께 충격적 기법을 써봐. 예를 들면 방학 때 집에 가지 않기.
얼굴을 안 보여주는 게 엄마에겐 충격이야."
"나도 그렇게 했더니, 내 방을 세놓더라."

2. 여자가 물건을 떨어뜨리고 가자, 남자가 주워주면서 하는 말.
"당신만 따라다니면, 제 옷장이 금방 꽉 차겠어요."

볼펜 + (   ) =   ?

 두 개의 단어를 합쳐서 할 수 있는 것들은?

글이나 그림으로 표현하기

이렇게 생각하는 이유는?

오늘의 키워드   제품화한다면 이름은? 핵심은? 사용자는?

칫솔

왜 인간만 이를 닦는가?
동물은 충치가 생기지 않는가?

초식동물은 충치가 생기지 않는다고 합니다. 육식동물에게는 충치가 있습니다. 사람이 먹는 온갖 식품들을 동물들에게 똑같이 먹이면 충치가 생길 겁니다. 그래서 반려견을 위한 칫솔, 치약, 치석 제거용품도 나왔습니다.
개도 이 닦는 세상입니다.

칫솔+치약.
혼자서는 할 수 없습니다. 탄생 자체가 융합입니다. 실제로 칫솔 손잡이 부분에 치약이 들어 있어서 손으로 누르면 칫솔모로 치약이 나오는 제품도 있습니다. 아예 치약을 묻힌 칫솔도 나왔습니다.

칫솔+반지: 손가락에 끼는 반지형 칫솔도 있습니다.
환경을 생각해서 칫솔모를 교체할 수 있는 제품도 있습니다.
칫솔+광고: 판촉물로 칫솔 세트를 무료로 제공합니다.

이 닦는 거 귀찮아요.

게으른 사람들이나 바쁜 사람들을 위한 가그린, 구강청결제, 충치
예방 껌, 전동칫솔.

치약 짜는 게 힘들어요.

샴푸처럼 눌러서 쓰는 치약, 뿌리는 스프레이 치약.

칫솔 살균기, 칫솔 건조기. 여행용 세트, 항균 칫솔, 기능성 칫솔 등
관련 제품들은 건강과 위생을 생각하는 방향으로 발전합니다.

다 쓴 칫솔로는 뭘 할까요?

니트 보풀 제거하기, 싱크대나 욕실 청소하기, 샤워기 구멍 뚫기,
운동화 세척하기.

어느 날 아기칫솔이 엄마에게 물었습니다.
"엄마, 나 칫솔 맞아?"
"그래, 너 칫솔 맞아."
"엄마, 그런데 칫솔은 무슨 일 하는 거야?"
"사람들의 이를 닦아주는 거지."
"그런데 엄마는 왜 만날 운동화만 닦아?"

헌 칫솔 될 때까지 기다리는 게 아니라 새 칫솔인 그 상태로 바로
운동화 닦으러 갈 수 있는 사람, 그게 이 시대가 원하는 진정한 **창
의융합 인간**입니다.

유머 상상력

친구 연호랑 오랜만에 만나서 사람들이 붐비는 대형 술집에서 맥주 한잔하는데, 마시다가 보니 카운터에 앉아 있는 매력적인 아가씨가 눈에 들어왔다.

연호가 용기를 내서 그 여자에게 다가가서 말했다.

"저와 잠시 얘기나 나누실까요?"

그러자 그 여자가 목청껏 소리 질렀다.

"싫어요. 오늘은 당신과 잠자리를 할 수 없어요."

연호는 매장 안의 모든 사람들이 보는 앞에서 크게 망신을 당했다.

잠시 후 그 여자가 우리 테이블로 와서 사과했다.

"난처하게 해드려서 죄송합니다. 저는 심리학을 전공하는 대학원 학생인데 난처한 상황에 처한 인간의 반응을 연구하고 있어요."

그러자 연호가 목청껏 소리 높여 대답했다.

"아니, 200만 원이라니 그게 말이 돼?"

발상의 전환

인생에서 가장 중요한 이틀은 자신이 태어난 날과 태어난 이유를 알아낸 날이다. ―마크 트웨인

칫솔 + (   ) =   ?

글이나 그림으로 표현하기

이렇게 생각하는 이유는?

오늘의 키워드   제품화한다면 이름은? 핵심은? 사용자는?

휴지

휴지란?
1. 두루마리 휴지.
2. 쓸모없는 종이.

대부분 사람들은 '휴지' 하면 화장실 전용 두루마리 휴지를 떠올릴 것입니다.

과거에는 화장실(변소)에서 신문지, 광고지, 못 쓰는 교과서 등을 걸어놓고 사용했습니다. 그런 생활에 익숙한 사람들에게 **'돈 내고 휴지를 사서 쓰'**라고 하면 이해가 될까요?

군이 돈 주고 휴지를 사서 구비해야 할 필요를 느끼지 못했을 겁니다.

저 또한 중학교 때까지 교과서를 사용했습니다.

어릴 때 가난한 시절이라 '돈을 많이 벌어서 돈으로 뒤 닦아보고 싶다'는 농담을 많이 들었습니다. 그런 분들을 위해 나온 돈 그림이 그려진 휴지.

공부하는 학생들을 위한 **구구단+휴지, 영어단어+휴지**.

한 겹은 얇다. 두 겹, 세 겹의 올록볼록한 휴지.

동물들은 왜 뒤 안 닦아요?

항문만큼은 인간이 동물들보다 진화가 덜 된 걸까요?

누군가 이런 말을 하네요. 깔끔하게 나오기 위해서는 항문 부위가 돌출되어 있어야 한다고. 항문이 돌출되어 있으면 앉거나 활동하는 데 불편하기 때문에 현재의 모습이 되었다고. **만약 정말 사람들 항문이 돌출되어 있다면 어떨 때 불편할까요?**

가지고 다니기 편하게 만들자: 여행용 휴지.

휴지+위생: 물휴지, 물티슈.

휴지+주방: 키친타월, 행주 티슈.

휴지+청소: 일회용 물걸레 청소포.

휴지+손수건: 한 번 쓰고 버리는 일회용 손수건, 일회용 화장지.

휴지+화장: 미용 티슈.

공중화장실을 이용하고 손을 닦으려고 하면 '한 장씩만 사용해주세요'라는 문구가 티슈 통 앞에 붙어 있습니다. 대부분의 사람들이 두 장 이상씩 사용하나 봅니다. 저도 한 장 가지고 닦아보려는데 조금 부족합니다. 그래서 이런 생각이 듭니다.

'티슈 크기를 현재의 1.5배로 하면 어떨까?'

휴지로 옷을 만들어보는 사람도 있습니다.

당신은 다 쓰고 남은 휴지 심으로 무엇을 하나요?

유머 상상력

어떤 남자가 담배를 피우면서 매장으로 들어왔다.

점원이 그에게 매장 안에서는 금연이라고 정중하게 말했다.

"여기서 담배를 파니까 피울 수도 있어야 하지 않겠소?"

"네, 담배를 팔기도 합니다. 그리고 우리 가게에서는 콘돔도 팔거든 요."

발상의 전환

영화 〈증인〉에서 자폐 소녀가 변호사에게.

"친구 신애는 웃는 얼굴인데, 나를 이용해요. 엄마는 화난 얼굴인 데, 나를 사랑해요."

휴지 + (   ) =   ?

글이나 그림으로 표현하기

이렇게 생각하는 이유는?

오늘의 키워드   제품화한다면 이름은? 핵심은? 사용자는?

바늘

바늘: 의복을 꿰매는 용도로 사용하는 도구.
만약 옷이 넘쳐나서 한 번 입고 버렸다면 바늘은 만들어지지 않았을까요? 바늘이 없었으면 옷은 어떻게 만들지?
그렇다면 바늘이 먼저일까, 의복이 먼저일까?

뼈, 금, 은, 쇠. 바늘의 재료는 변해왔습니다.
그 작고 가는 바늘머리에 구멍을 낼 생각을 한 사람은 누구일까요?

바늘+실.
융합의 대표적인 제품입니다. 항상 같이 존재해야 합니다.

바늘의 용도 변경.
바늘+원통: **주삿바늘.** 주사 맞는 것이 무서운 분들을 위해 **붙이는 주사기**도 나왔습니다.
바늘을 구부리다: 낚싯바늘.
시간을 가리키는 **시곗바늘**, 무게를 표시하는 **저울바늘.**
호신용 바늘, 한방 의료용 바늘, 체했을 때 손가락을 따는 볼펜 형

태의 바늘.

음악을 재생하는 **축음기 바늘**.

스웨터나 목도리 등을 만드는 **뜨개질 바늘**.

재봉틀을 발명한 '일라이어스 하우'의 역발상.

**"바늘의 머리 부분에 실을 꿰기 힘들다면 바늘의 반대편인 바늘 끝
에 구멍을 뚫자."**

바늘에는 구멍을 몇 개까지 뚫을 수 있을까요?

그 구멍을 모두 사용하는 방법은 무엇일까요?

낙타가 바늘구멍에 들어갈 수 있을까요?

없다면 이런 생각은 어떻습니까?

구멍 안에 낙타가 들어 있는 장식용 바늘, 목걸이, 귀걸이.

물론 다치지 않게 안전하고 예쁘게 만들어야겠지요.

취업하기가 **바늘구멍** 들어가기처럼 어렵답니다.

바늘방석에 앉은 거 같습니다.

구멍 좀 넓힙시다.

영화 〈번지점프를 하다〉에서.

"이 세상 아무 곳에다 작은 바늘 하나를 세우고 하늘에서 아주 작
은 밀씨 하나를 뿌렸을 때 그게 그 바늘에 꽂힐 확률…. 그 계산도
안 되는 확률로 만나는 게 인연이다."

유머 상상력

어느 환자가 처음 가보는 병원에 들어가니 '초진 8000원/재진 4000
원'이라는 팻말이 놓여 있었다. 돈을 아껴보겠다고 의사에게 이렇게
인사했다.
"다시 뵙게 되었습니다."
의사가 고개를 끄덕이며 인사를 한 후 진찰을 시작했다.
"선생님, 무슨 병입니까?" 환자가 물었다.
의사가 청진기를 내려놓으며 말했다.
"지난번 오셨을 때 말씀드린 대로 계속하시면 됩니다."

발상의 전환

영화 〈결혼은 미친 짓이다〉에서 남자가 여자에게.
"네가 결혼을 위해 찾는 것은 어떤 남자가 아니잖아!"
"뭐?"
"어떤 조건을 찾고 있잖아."

바늘 + (   ) = $\qquad$?

두 개의 단어를 합쳐서 할 수 있는 것들은?

글이나 그림으로 표현하기

이렇게 생각하는 이유는?

오늘의 키워드   제품화한다면 이름은? 핵심은? 사용자는?

가발

가발+스마트 기술.
가발이 길 안내를 합니다.
핸드폰으로 전화가 오면 가발에서 진동이 울립니다.
가발이 뇌파, 체온, 혈압, 땀 분비 등을 체크해 건강진단을 합니다.

"새로운 기능이 나왔습니다. **가발을 정기구독**하세요."
이런 세상이 올 수도 있습니다.

가발은 남성 전유물입니까?
그렇다면 '발모제'가 개발된다면 가발은 사라질까요?

가발은 여성의 미용용품입니까?
과거 가발은 신분 과시의 수단이었으며 사치의 대상이었습니다. 옛날 사대부 여성들이 했던 가발인 가체는 집 한 채 값이었다고 합니다. 이집트와 유럽에서는 가발이 권위의 상징으로서, 귀족이나 장군 등 고위직은 공식 석상에서 가발을 착용했습니다. 물론 노예들은 가발을 쓸 수 없었다고 합니다.

가발+패션.

지금은 패션의 일부이기도 하지요.

니트로 만든 가발, 천으로 만든 가발, 풀잎으로 만든 가발은 어떻습니까?

가발+모자.

암 환우들을 위한 가발과 모자 한 세트로 나온 제품도 있습니다.

항암 성분이 있는 가발을 만든다면 더 좋겠습니다.

가발+야광.

안전을 위한 가발입니다. 머리에서 빛이 난다는 소리를 들을 수 있습니다. 어두운 밤길을 다닐 때 가발에 전등불이 들어오거나 빛이 납니다.

가발+우비.

갑자기 비가 올 때 가발을 쭉 펼치면 우비가 됩니다.

가발+정력.

발모제를 만든다면 돈 번다고 합니다. 발기부전 치료제만 만든다면 성공한다고 합니다. 그렇다면 두 가지를 합쳐보면 어떨까요?

가발에 발기부전 치료제가 포함되어 있어서, 가발을 쓰고 있으면 그 성분이 머리를 통해 스며듭니다. 가발만 쓰고 있어도 힘이 좋아집니다.

"가발을 사람이 아닌 다른 무언가에 사용한다면 어디가 좋을까요?"

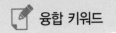

유머 상상력

마음은 아직 20대인 50대 여성이 패션 가발을 고르고 있었다.

마침 20대 아가씨가 자신이 고른 가발과 같은 것을 선택하기에 "우리가 취향이 같군요."라고 말했다.

"그렇네요." 그녀가 대답했다. "할머니 드리려고요."

발상의 전환

영화 〈로켓맨〉에서.

"엄마, 나 앨비스 프레슬리 머리 해도 돼요?"

"그래, 가능할 때 뭐든지 해. 우리 집안 유전인데 금방 대머리 될 거야!"

가발 + (   ) =   ?

글이나 그림으로 표현하기

이렇게 생각하는 이유는?

오늘의 키워드   제품화한다면 이름은? 핵심은? 사용자는?

가방

이상한 가방을 주웠습니다.

가방을 열면 **"당신의 꿈은 무엇입니까?"**라고 자꾸 물어봅니다.

당황스럽습니다. 필요하신 분은 연락 주세요. 공짜로 드릴게요.

당신의 가방 속에는 무엇이 들어 있습니까?

인도네시아에서는 길거리에서 노숙하는 거지를 잡고 보니 그의 배낭 안에 인도네시아 직장인들의 4년 치 급여에 해당하는 1940만 원의 현금이 있었다고 합니다.

전남 목포의 70대 노숙자는 현금 2억 5000만 원이 든 가방을 치매때문에 잊어버렸다가 경찰의 도움으로 다시 찾게 되었습니다. 당시할아버지는 1억 원짜리 수표 두 장도 몸에 지니고 있었습니다.

인천에서는 1000만 원대 현금이 들어 있는 가방을 잃어버린 노숙자를 조사해보니, 부모님으로부터 물려받은 재산이 50억 원이 넘었습니다. 부자입니다. 재력가입니다.

그 돈이 있으면서 왜 이렇게 사느냐고 물었더니, 더 이상 돈 벌 욕심도 없고 세상살이에 별다른 흥미를 못 느낀다고 합니다. 아무 의욕이 없는 사람입니다.

자루와 배낭도 가방인가요? 보자기는 가방인가요?
선사시대에는 동물의 가죽을 엮어서 열매를 운반했고, 제가 어린 시절 시골에선 책가방 대신 보자기에 책과 도시락을 싸서 매고 다녔으니 가방이라고 해도 되겠지요.

물건 운반수단의 혁명을 일으킨 가방이 어떻게 부와 패션의 상징으로 인식되었을까요?
책가방, 골프가방, 낚시용 가방, 등산 레저용 가방, 여행용 가방, 일수 가방, 핸드백 등의 일반적인 가방과 여성들이 갖고 싶어 하는 명품 백으로 발전합니다.
명품 백, 비싸서 못 산다고요? 그럼 렌탈해요. 명품 브랜드 핸드백 대여 사업도 있습니다.
최고의 명품 백 속에는 무엇을 넣고 다닐까요?

가방+바퀴, 가방+도난 방지, 가방+사물인터넷 스마트 가방, 강아지처럼 주인을 따라다니는 가방, 영화에서처럼 가방+폭탄.
여성들을 백으로부터 해방시키기 위해 발목에 차는 가방도 나왔습니다.

백설공주는 명품 백이 있었나요?

유머 상상력

아들 둘이 초등학교와 미술학원, 태권도학원, 교회 유치부 등 여러
곳을 다니고 있다.
그런데 가는 곳마다 각기 다른 가방을 들고 다니기 때문에 집 안에
가방이 여기저기 굴러다닌다.
어느 날 아내가 푸념을 했다.
"두 아이 가방 때문에 미치겠어요."
그 말을 듣고 내가 말했다.
"당신은 나은 편이야. 나는 두 아이와 당신의 가방 때문에 미치겠다
고."

발상의 전환

영화 〈마약왕〉에서 송강호가 하는 말.
"개죽음에 처했을 때 전화 한 통 넣을 빽 없으믄 이 나라에서 못 산
다."
그 빽을 만들기 위해서.
"개같이 번 돈은 정승맨치로 쓰는 게 아이라 정승한테 쓰는 깁니
더."

권력자들이 계속 권력을 잡으려면 적이 있어야 한다. 적을 만들거
나, 적과 한편이 되거나.

가방 + (   ) =   ?

글이나 그림으로 표현하기

이렇게 생각하는 이유는?

오늘의 키워드   제품화한다면 이름은? 핵심은? 사용자는?

우산

스무 살, 대학 1학년 때 갑작스럽게 내린 소나기를 피해 한 여학생이 저쪽에서 책으로 머리를 가리고 제가 있는 쪽으로 뛰어옵니다.

옷이 얇아 비에 젖으니 속이 비칩니다.

순간적으로 옆을 스쳐가는 여학생 손을 잡고 제가 가지고 있는 우산을 손에 들려주었습니다. "쓰고 가세요."

대부분 여학생들이 비가 오면 책으로 머리를 가립니다. 책보다 내가 소중하니까요.

우산+책: 펼치면 모자 달린 우비가 되는 책. 말이 안 되나요?

영화 〈중경삼림〉에서 여주인공 '임청하'는 노란색 레인코트에 선글라스를 쓰고 다닙니다.

"언제 비가 올지 몰라서. 언제 날씨가 화창해질지 몰라서."

비옷+선글라스: 모순입니다. 말이 안 되지만 말이 됩니다.

모든 상상력은 바로 그 말이 안 되는 것에서부터 시작됩니다!

우산+양산 겸용 제품: 모순되는 것을 제품으로 만드는 것입니다.

우산+선풍기, 우산+라디오, 우산+지압, 우산+빗물받이, 우산+모자. 향기 나는 우산, 야광 우산, 커플용 우산, 컵홀더가 달린 우산. 우산 손잡이를 분리하면 휴대용 전등이 되거나 손잡이 속에 공구가 있는 제품도 나왔습니다.

배낭처럼 매는 우산, 거꾸로 접는 우산, 바퀴 달린 우산, 강아지 전용 우산, 총 모양 우산, 칼 모양 우산, 손잡이에 자물쇠 달린 우산, 투명 우산.

인공지능과 스마트 IT 기술을 접목한 우산도 있습니다.

우산+핸드폰: 분실 및 도난 방지용. 우산에서 2m 이상 떨어지면 핸드폰이 울립니다.

우산+일기예보: 비올 확률에 따라 우산 손잡이 색이 변하고 '우산 가져가' 문자가 옵니다.

공기로 방어막을 형성하는 공기 우산도 만든다고 합니다.

드론+우산: 드론이 주인을 따라다니겠네요.

비를 막아주는 용도와는 다르게 사용하는 우산도 있습니다.

비와 상관없이 인테리어용이나 장식용으로 사용하는 우산.

사진관에서 사용하는 반사 우산, 라이트 우산, 조명 우산.

환경보호를 위해 비닐을 사용하지 않는 우산 빗물 제거기, 페트병으로 우산꽂이를 만드는 분도 있습니다. **당신은 빗물이 묻은 우산을 어떻게 하십니까?**

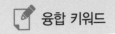

유머 상상력

대학 졸업반 학생이 진로를 고민하다가 기상청 직원에게 물어보았다.

"기상청 직원이 되면 좋은 이유가 뭐가 있을까요?"

"늘 50%를 잘못하는데도 살아남을 수 있는 직장이 또 어디 있을까요?"

발상의 전환

영화 〈극적인 하룻밤〉에서.

여자: 관이 1인용인데 뭐 백년해로해요?

남자: 관을 2층으로 만들던가? 아님 2인용으로 만들던가?

우산 + (   ) =   ?

 두 개의 단어를 합쳐서 할 수 있는 것들은?

글이나 그림으로 표현하기

이렇게 생각하는 이유는?

오늘의 키워드   제품화한다면 이름은? 핵심은? 사용자는?

장갑

장갑은 손을 보호하는 것인가요?
장갑은 액세서리인가요?
장갑은 결혼, 장례, 예배 등 의식과 행사를 위한 것인가요?

어디까지 껴야 장갑입니까?
팔꿈치까지 오는 긴 장갑, 치킨 먹을 때 손가락에만 끼는 핑거캡,
손가락 부분은 모두 잘라낸 골프나 등산 등 레저용 장갑.

벙어리장갑, 손가락장갑, 일회용 위생장갑, 주방용 고무장갑, 의료
용 라텍스 장갑.
방한용, 작업용, 수술용, 패션용 등 점점 세분화되면서 발전하고 있
습니다.

주방용 수세미가 달린 고무장갑, 미끄러지지 않는 장갑, 울퉁불퉁
요철 장갑, 전기공사용 절연 장갑, 반코팅 장갑, 방수 장갑, 방한용
온열 장갑, 핫팩 겸용 장갑, USB 충전 발열 장갑, 캠핑용 장갑.

장갑이 컴퓨터다.

장갑+마우스: 장갑을 끼고 움직이면 이제 마우스 사용은 안 해도 됩니다.

장갑+스마트: 체온, 발열, 땀, 맥박 등 건강 체크 알리미 장갑.

장갑+키보드: 장갑+번역.

이런 장갑은 어떻습니까?

수화가 되는 장갑.

인공지능으로 인식된 수화를 장갑이 인지해 말을 하면 자동으로 수화로 표현하고 장갑을 끼고 수화로 하면 말로 표현해주는 것입니다.

장갑+완력기: 손에 힘을 주어야 손가락이 굽어집니다. 완력기를 따로 사지 않아도 됩니다.

장갑+돋보기: 돋보기 달린 장갑도 생각해봅니다.

장갑+보물지도: 전시회 안내도가 그려진 장갑.

바르는 장갑은 언제 나올까요?

플래시 달린 장갑이나 스파이더맨 장갑은 언제 나올까요?

장갑+놀이: 야구 글러브, 권투 글러브, 골키퍼 글러브.

코로 바람을 넣어 주방용 고무장갑을 터뜨리는 사람도 보았습니다.

가정에서 구멍 난 고무장갑으로는 뭘 할 수 있을까요?

유머 상상력

위생적이고 전염병에도 안전한 콧구멍 후비는 전용장갑을 만든 장
사꾼이 장갑이 너무 안 팔리자 기도했다.
"하나님의 도움으로 오늘 1000개를 팔면 그 절반을 교회에 기부하
겠습니다."
그날 500개를 판 장사꾼이 기뻐하며 이렇게 말했다.
"하나님 하시는 일은 역시 대단하십니다. 먼저 당신의 몫을 챙기시
다니."

발상의 전환

영화 〈꾼〉에서 사기꾼만 골라서 사기 치는 사람들의 대화.
"아 참, 의심 되게 많네. 저런 놈이 넘어오겠어?"
"바로 그거 때문이야. 의심을 해소시켜주면 확신이 된다!"

장갑 + (　　　) = 　　　　　　？

글이나 그림으로 표현하기

이렇게 생각하는 이유는?

오늘의 키워드　　제품화한다면 이름은? 핵심은? 사용자는?

젓가락

큰아들은 어릴 적 장난감보다 젓가락을 더 많이 갖고 놀았습니다. 젓가락이 비행기도 되고, 총도 되고, 칼도 되고, 장군도 되고, 로봇도 되었습니다. 심심하다고 하면 젓가락 두 개만 주면 몇 시간이고 놀 수 있으니 가장 저렴한 장난감이었습니다.

젓가락+장난감.
아들이 젓가락 갖고 노는 것을 보고 이런 생각이 들었습니다.
좀 더 재미있게 놀 수 있도록 젓가락 머리 부분에 모자처럼 씌울 수 있는 작은 인형을 만드는 것입니다. 장군, 로봇, 칼, 비행기, 공주, 총, 슈퍼맨 등을 젓가락 머리 부분에 씌우는 순간 젓가락은 아이의 머릿속에서 변신을 시도하게 됩니다.

어른들도 젓가락을 재미있게 사용하고 있습니다.
여성들이 비녀 대신에 머리에 꽂고, 때로는 젓가락을 냄비 받침으로 쓰기도 하지요. 안경테를 젓가락으로 사용할 수 있게 만든 제품도 있고, 색연필 모양의 젓가락도 있습니다.
젓가락+빨대: 따로따로 쓰면 빨대고 합쳐서 쓰면 젓가락이 됩니다.
젓가락+숟가락: 젓가락 끝에 숟가락 기능. 한번에 두 가지를 다 할 수 있는 제품.

젓가락+고스톱: 고스톱의 오광이 손잡이에 인쇄된 선물용 수저 세
트도 있습니다.

위생에 신경을 쓴 바닥에 닿지 않는 공중부양 젓가락도 다양한 종
류가 있습니다.

젓가락은 숟가락과 한 쌍. 융합형 도구입니다.

나라 별로 차이가 있습니다.

한국: 놋쇠, 은, 동 등으로 만든 금속 젓가락. 작고 납작하다.

중국: 대나무 젓가락. 길이가 길고 끝이 뭉툭하다.

일본: 나무젓가락. 길이가 짧고 뾰족하다.

나이가 있어서 그런지 요즘 배가 많이 나옵니다. 그래서 이런 생각
을 해봤습니다. **너무 많이 먹으면 경고등이 들어오는 젓가락과 숟
가락.** 그래도 계속 먹으면 전기 충격이 가해지는 젓가락!

나무젓가락+행운권: 일회용 젓가락을 제공하는 식당에서 무작위로
나무젓가락 끝에 '짜장면 무료' '떡볶이 무료' '콜라 한 병 무료' 행
운권 서비스를 하면 어떨까요?

반대로 할 수도 있습니다. 같은 테이블 게임용 **'오늘은 내가 쏠게.'**

일회용 나무젓가락을 다른 용도로 사용한다면?

전염병 퍼질 때 엘리베이터 눌러요. 젓가락 한 개면 나눠서 다섯 번
은 써요.

나무젓가락으로 집을 만들어볼래요.

유머 상상력

회사 인사과에서 인사카드를 작성할 때 비상시에 연락할 사람을 적는 항목이 있었다.

지방에서 올라온 한 사원이 서울에서 연락 가능한 자기 여자친구 이름을 써놓았다.

그리고 그 옆 '관계'를 묻는 난에는 '흔들리고 있음'이라고 썼다.

발상의 전환

"평소엔 뭐 해요?"

"아무것도 안 해. 그냥 존재하고만 있어."

젓가락 + (　　　) = 　　　　　?

글이나 그림으로 표현하기

이렇게 생각하는 이유는?

오늘의 키워드　　　제품화한다면 이름은? 핵심은? 사용자는?

201

4차산업. 인공지능. 알파고...
A.I가 아무리 발달해도 A.I가 사람과 다른 점은 A.I는 일을 할 수는 있지만
그것을 즐길줄은 모른다는 것입니다.
즐기려면 좋아해야하고, 좋아하는게 무엇인지 알려면 스스로 자신에 대해
고민해 보아야 합니다.
'내가 잘하는게 뭐지? 좋아하는게 뭐지? 하고 싶은 일은?'
잘하고 좋아하면 재미있습니다.
재미있으면 사람은 누구나 창의적이 됩니다.

당신속의 재능을 묶어두지 마세요.
사람은 태어날 때부터 융합적 인간이며
창의적인 존재입니다.

발상. 아이디어!
어렵지 않습니다.

다가올 미래에 당신의 상상력으로
주인공이 될 수 있습니다.

6

자연에서 찾는
키워드

도자기
유리
고무
종이
나무
공기
물
금
모래

도자기

요즘 도자기 잘 팔리나요?

77년 전통의 국내 1세대 식기업체 행남자기는 도자기 매출의 부진과 사업 다각화를 위해 회사명을 영화사 '스튜디오 썸머'로 바꾸어 업계에 충격을 주었습니다. 저렴한 중국산 도자기도 쉽게 구할 수 있고 다양한 재료의 그릇들도 나오고 있습니다.

그렇다면 도자기는 사양산업인가요?

도자기가 덜 팔리면 그릇이라는 용도 말고 다른 방향으로 생각해보면 어떨까요?

도자기+예술: 도예.

도자기+건축: 타일, 벽돌, 기와, 옹기.

도자기+위생: 세면대, 변기, 개수대 등 위생용기.

도자기+산업: 전기 애자, 내열 자기 등 산업용 도자기.

도자기+프라이팬, 도자기+밥솥, 도자기+전자레인지 용기, 도자기+식탁, 도자기+볼펜, 도자기+시계, 도자기+액자, 도자기+비누갑, 도자기+샴푸통, 도자기+조명기구, 도자기+스피커, 앞뒤 양면 모두 사용하는 도자기 공기.

발상: 흙으로 그릇을 만든 후 최초로 불에 구운 사람은 누굴까?

도자기+미끄럼 방지: 손잡이 부분에 고무 코팅을 하면 어떨까요?
미끄럼 방지 그릇과 컵. 아니면 건축용 미끄럼 방지 바닥 타일.

도자기와 나무를 결합한 제품은 어떤가요?
저는 나무의 질감을 참 좋아합니다. 따뜻하고 부드럽고. 거기에 도
자기의 매끈함이나 투박함을 결합시킨 컵이나 그릇 등의 제품을 많
이 만들면 좋겠습니다.

나무와 결합된 도자기+침대, 도자기+방석, 도자기+병풍, 도자기+
의자.
도자기와 액세서리를 결합한 제품도 많이 나와 있습니다.

결혼식 후 조선백자 같은 장식용 도자기 표면에 주례사를 코팅해서
선물로 준다면? 가훈을 도자기에 새겨서 준다면? 큰 항아리가 방
이라면? 원룸이라면? 탁상용 달력이 도자기라면?
집 안의 모든 기구들을 도자기로 바꾼다면 조심조심 다녀야 할까요?

도자기 그릇이 몸에 좋다고 많이들 사용하는데, 사람에게도 좋으면
동물에게도 좋겠지요. 개 밥그릇, 고양이 밥그릇, 돼지나 소 여물통
도 도자기로 바꾸면 어떻겠습니까?

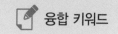

융합 키워드

유머 상상력

지하철역 근처 꽃가게 매장에 이런 안내문이 붙어 있었다.
'그 여자가 얼마나 화가 나 있습니까?'
그리고 그 아래 예쁜 도자기 꽃병 세 개가 놓여 있었다.
꽃병 하나에는 장미 세 송이, 또 하나에는 여섯 송이 그리고 세 번째 꽃병에는 한 다발이 놓여 있었다.

발상의 전환

모든 남자가 하는 실수.
'여자가 예쁘면 착하다고 생각한다!'

그릇이 예쁘면 요리도 잘할까?

도자기 + (   ) = ?

 두 개의 단어를 합쳐서 할 수 있는 것들은?

글이나 그림으로 표현하기

이렇게 생각하는 이유는?

오늘의 키워드   제품화한다면 이름은? 핵심은? 사용자는?

207

유리

자율주행차가 대중화되면 사람이 운전을 하지 않는데, 자동차의 유리는 어떻게 될까요?

유리+컴퓨터: 스마트 유리.

유리의 일반적 특성은 빛을 **전송, 반사, 굴절**시키는 것입니다.

향후 자동차의 유리는 모니터가 되고 영화관이 되고 풍경이 됩니다.

햇빛에 맞추어 스스로 빛을 차단하고, 온도에 맞게 유리의 밝기가 달라지고, 습도를 조절하고, 김서림을 방지하며, 대형 창은 내비게이션이 됩니다.

만약 투명한 유리가 없었다면 자동차의 최고속도는 50km를 못 넘을 수도 있습니다. 더 빨리 가려다가는 바람 때문에 눈을 못 뜹니다.

건물에서는 어떻게 될까요?

건축용 유리는 **열, 바람, 소음을 차단**하는 것이 일반적인 기능입니다.

기술의 발달과 인간의 다양한 욕구를 충족하기 위하여 실내로 유입되는 태양광을 최적으로 조절하여 쾌적한 실내 분위기를 유지합니다. 인체에 유해한 자외선도 차단되지요.

습도와 온도 조절뿐만 아니라 요일별로, 계절별로 저절로 색이 바뀌는 베란다 유리도 나올 수 있습니다.

일반 유리, 컬러 유리, 복층 유리, 삼복층 유리, 진공 유리, 방탄유리, 방화 유리, 차음 유리.
기능과 사용방법에 따라 종류도 참 많습니다.
어려서 많이 했던 구슬치기의 구슬도 유리이지요.
스마트폰 액정 화면도 유리입니다. 접히는 스마트폰이 나왔습니다.
세상에 유리가 접히다니!

우리 주변에 있는 모든 유리제품을 없앤다면 어떤 일이 벌어질까요? 생활은 될까요? 밤에는? 전등도 없어질 것 같은데.

유리의 장점 중 하나가 투명성입니다. 그래서 높은 건물에는 바닥을 유리로 만든 전망대가 있습니다. 지자체마다 높은 곳에 유리로 된 잔교를 만듭니다. 그래서 저는 이런 생각을 해봅니다.
'전국의 모든 해수욕장 공중화장실은 바다 쪽을 향하여 유리문을 만들자.'
색의 농도를 자연스럽게 조절할 수 있는 특수 유리입니다. 화장실에서 볼일을 볼 때 바다를 감상할 수 있습니다. 물론 밖에서는 안이 보이지 않습니다. 단 정해진 시간을 넘기면 유리문은 투명해집니다.

지금 안경 쓰고 글을 쓰고 있습니다. 유리가 없었다면 글도 못 쓰겠지요.

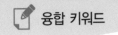

유머 상상력

어떤 사람은 유리잔이 반이나 비었다고 보고, 어떤 사람은 반이나 찼다고 본다.
내 눈에는 잔이 너무 커 보인다.

발상의 전환

영화 〈미옥〉에서.
"너, 현정이 좋아하지? 좋아하는 사람은 가지려고 하면 안 되는 거야. 좋아하는 사람이 제일 소중히 생각하는 것을 지켜주면 돼."

210

유리 + (   ) =   ?

글이나 그림으로 표현하기

이렇게 생각하는 이유는?

오늘의 키워드   제품화한다면 이름은? 핵심은? 사용자는?

고무

운동기구가 없어도 어디서나 운동하는 방법이 있습니다. 1m 정도
되는 고무줄 하나만 있으면 됩니다.

고무줄 양 끝을 묶어 한쪽을 밟고 다른 쪽은 두 손으로 잡고 머리
위로 올려서 팔을 크게 돌립니다. 고무줄이 팔을 벌리는 만큼 늘어
납니다. 그러나 아무리 늘려도 내 팔 길이가 최대치입니다

인생도 비슷합니다. 어떤 이는 고무줄을 10cm, 누군가는 100cm, 또
다른 이는 1m를 당기기도 합니다. 그러나 **고무줄 한계치 이상을 뚫
고 나가려면 고무줄을 잘라야 합니다.**

상상력도 마찬가지입니다. 내 상식의 한계치를 뚫고 나가야 합니다.
틀을 깨고 나와야 합니다.

어떻게 나무에서 고무가 나오지?
자연과 생태계는 참 경이롭습니다.
나무에서 나오는 고무수액을 활용하는 인간의 능력은 놀랍습니다.

고무의 핵심=탄성. 아무리 당겨도 본래대로 돌아갑니다.

문명이 발달하고 스마트폰과 인터넷으로 **초연결시대**가 되었습니다.
작은 글이나 사진 하나만 올려도 금방 퍼집니다.
내 글과 사진에 달린 댓글에 상처받기 쉽습니다.
이럴 때 마음의 탄력이 중요합니다. 감정의 평온을 유지해야 합니다.
내 마음의 구성 재료도 고무줄이었으면 좋겠습니다.

고대 이집트에서는 미라 방부제용으로 고무를 사용했다고 합니다.
고무공, 라텍스, 지우개, 자동차 타이어, 우비, 고무장화, 고무보트,
고무찰흙.
전기, 물, 가스 등 모든 기계의 이음매 틈새를 메울 때도 사용됩니다.
겉과 속이 똑같은 고무신을 처음 만든 사람도 대단합니다.

고무+방수, 고무+방음, 고무+충격 완화, 고무+절연.
타이어, 고무 보도블록, 고무 망치, 공업용 고무 동력기, 고무 자석
등의 제품도 있습니다.
헬스장 바닥재를 보니 고무 타일을 많이 사용합니다. 그렇다면 학
교 운동장 전체를 고무 바닥 운동장으로 만들 수는 없을까요?

고무+옷: 해녀복, 잠수복.
고무+음식: 껌.
고무+놀이: '공' 말고 놀이용으로 사용되는 고무제품은 어떤 것이
있나요?

만약에 고무가 없었다면?

유머 상상력

번지점프를 즐기는 사람들이 가득 모여 있어서 가보았더니 매표소
에 이렇게 붙어 있었다.

'번지점프 무료'

"와, 오늘 무료인가요?"라고 관리인에게 물어보았다.

그가 대답했다. "네! 단 밧줄을 이용할 때만 돈을 내지요."

발상의 전환

영화 〈보헤미안 랩소디〉에서.

"립싱크로 해. 사람들은 그 차이를 몰라."

"우리는 알아요."

고무 + (   ) = ?

글이나 그림으로 표현하기

이렇게 생각하는 이유는?

오늘의 키워드   제품화한다면 이름은? 핵심은? 사용자는?

종이

종이+디지털.
입력, 삭제, 저장이 가능하며 쓰고 지우기를 반복할 수 있는 전자종이의 등장. 전자신문, 전자책, 디지털 메모지가 대중화되면 **종이는 사라질까요?**

저는 책을 좋아해서 한때는 사무실 벽 전체가 책으로 가득 찼을 때도 있었습니다.
이사를 몇 번 다녀보니 한 번 이사할 때마다 책이 줄어듭니다. 중요도에 따라서 보관할 책과 버릴 책들을 나눕니다. 그런데 재미있는 건, 그렇게 보관한 책들도 다시 꺼내볼 시간과 이유들이 별로 생기지 않는 것입니다. 장식용으로 변모하지요. 지금은 책을 보관하지 않습니다.
처음 책을 읽을 때 중요한 부분들을 표시하고 제가 메모를 한 내용들이 많은 책들만 남기고 소설류의 책들은 주변에 나눠줍니다.
저와 같은 사람은 차라리 전자책을 구매하는 게 나을까요?

종이+옷.
종이로 만든 웨딩드레스를 보았습니다.
신문지로 옷을 만들어 입은 어린이들도 있습니다.

종이+식탁, 종이+집, 종이+가방, 종이+그릇, 종이+냄비, 종이+컵, 종이+상자, 종이+테이프, 종이+마스크, 종이+시계, 어린이용 종이접기 페이퍼 아트, 종이+공기청정기, 종이+프라이팬, 종이+포일, 종이+냄비뚜껑, 종이+기저귀.

종이로 만든 휴대용 조립식 변기는 체중 몇 kg인 사람까지 버틸 수 있을까요? 종이로 만든 빨대는 환경을 보호할까요?

미래의 자동차는 종이로 만든다?

강철 무게의 5분의 1이지만, 다섯 배는 강한 종이가 있다면?

목재나 섬유 펄프에서 원료를 추출해서 특수 처리해 만든 고강도의 종이가 차의 연비를 향상시켜 주행거리를 훨씬 늘릴 수 있도록 연구하고 있답니다.

종이로 만든 드론도 개발 중이라고 합니다. 칼날이 없는 **종이 면도기**도 나왔습니다. 이러다가 정말 종이비행기를 타고 해외여행을 할 것 같습니다. 어린이들 안전과 레저용으로 가볍고 휴대가 편한 **종이 헬멧**도 판매 중입니다.

종이로 노트나 책이 아닌 다른 것들을 만든다는 생각은 어디서 나오는 걸까요?

리트머스 종이: 색깔 변화를 통해 산성과 염기성을 판단하는 종이. 이 종이를 사람에게는 사용할 수 없을까요? 빨간색 파란색으로 산성과 염기성을 구별하듯 **좋은 사람과 나쁜 사람을 구별할 수 있는 리트머스 종이** 말입니다.

그럼 세상이 더 밝아질까요? 정치인은 거짓말을 하지 않을까요?

유머 상상력

4학년 연호는 그 반에서 가장 영리한 아이였다.
하지만 그 아이에게 왜 공부를 해야 하는지 알아듣게 설명하기란
여간 힘든 일이 아니었다. 그런데 어느 날 연호가 자신은 이미 많은
걸 알고 있기 때문에 학교에 더 다닐 필요가 없다고 말했다.
"정말? 겨우 4학년인데 뭘 하며 살아가려고 그러니?"
그러자 연호가 말했다.
"3학년을 가르치죠."

발상의 전환

영화 〈블랙 팬서〉에서.
"넌 착한 아이야. 하지만 착하기만 해선 왕이 되긴 힘들어."

종이 + (　　　) = 　　　　　　　?

글이나 그림으로 표현하기

이렇게 생각하는 이유는?

오늘의 키워드　　　제품화한다면 이름은? 핵심은? 사용자는?

219

나무

집 안에 있는 물건들 중에서 나무로 만들어진 것을 전부 **빼보세요.**
무엇이 남아 있을까요?

식탁, 의자, 소파, 테이블, 장롱, 서랍장, 싱크대, 선반, 침대, 책상, 책꽂이, 서랍, 도마, 신발장, 주방용 칼 손잡이, 주걱, 책, 종이, 노트, 연필, 휴지, 티슈, 달력, 액자, 종이봉투, 쇼핑백, 성경책, 화분, 망치 손잡이, 문 등 정말 많습니다.

이 모든 것을 다 빼보니 집이 엄청 넓어졌네요.

안방은 빈방이 되었습니다.

나무는 인간 생활 곳곳에 자리잡고 있습니다.

"무슨 나무가 제일 좋으세요?"라고 물으면, 저는 "사과나무요."라고 답합니다. 태어나면서부터 사과 과수원 속에서 살았거든요.
열매도 주고, 땔감도 주고, 꽃도 주고, 그늘도 제공해주었습니다.
정말 '아낌없이 다 주는 나무'입니다.

세월이 지나 생각해보니 가장 마음이 편하고 평화로웠던 시간들에는 나무가 있었습니다.

한여름 뜨거운 햇볕이 내리쬘 때 무성한 사과 나뭇잎 사이로 햇빛이 반짝이고, 나무 아래에는 시원한 그늘이 드리워져 있고, 그늘 밑에서 강아지들이 다리를 쫙 벌린 채 배를 드러내고 잠들어 있는 모습. 그 모습을 몇 시간이고 바라보는 나.

그때가 그냥 좋았습니다.

나무는 인류가 구할 수 있는 재료 중 가장 가공이 쉬워서 오래전부터 사람이 사용하는 다양한 물품의 재료가 되었습니다. 단순한 땔감용 나무에서 생활의 편의를 위해 사용하는 소품으로 개발하려면 나무의 재질과 특성을 알아야 합니다.

나무+재질+특성.

관상용으로 쓸 것인가, 건축용으로 쓸 것인가? 약으로 쓸 것인가?

꽃이 좋으면 관광 상품으로 개발되고, 향이 좋으면 피톤치드 건강용품으로 만들고, 열매가 좋으면 식용으로 팔고, 느낌이 좋으면 장난감이나 생활소품으로 만들겠지요.

나무+생명.

나무가 중요한 가장 큰 이유는 무엇일까요?

살아 있는 나무만이 배출할 수 있는 '산소'라고 생각합니다.

산소 같은 여자, 산소 같은 남자가 되어봅시다.

유머 상상력

아버지가 정년퇴직을 하시고 취미생활로 나무공예를 시작했다.
깨끗하던 집 안이 어질러지고 매일 세 끼를 준비해야 하는 어머니
는 그러한 변화를 감당하기가 힘들었다.
정신과 병원을 다녀오신 어머니에게 아버지가 물었다.
"원인이 뭐래?"
"스트레스의 원인을 찾아내서 없애버려야 한대요." 어머니가 대답
했다.
아버지가 눈이 커지면서 말했다.
"하지만 나더러 어디로 가란 말이오?"

직장에서 일어나는 사고를 막을 수 있는 최선의 방법은 직장을 그
만두는 것이다. 그러나 직장을 그만두면 집 안에서 일어나는 사고
는 급격히 늘어날 것이다. ─콜루슈

발상의 전환

영화 〈빌리진 킹〉에서.
"좋은 선수와 훌륭한 선수의 차이는?"
"훌륭한 선수는 감정에 휘둘리지 않는다."

나무 + (　　　) = _____ ?

 두 개의 단어를 합쳐서 할 수 있는 것들은?

글이나 그림으로 표현하기

이렇게 생각하는 이유는?

공기

공기에 색이 있다면? 방귀 뀌면 바로 알아보겠지요.

색이 연하다면 안개처럼 보일 수도 있고, 색이 진하다면 '불투명' 상태로 아무것도 안 보일 수도 있겠지요. 색의 농도에 따라 사람의 눈도 변할 것입니다.

눈 아닌 다른 신체의 감각이 발전해서 시각을 대신할 수도 있을 겁니다.

공기에 아주 연한 색이 있다면 사람들은 신선한 공기와 미세먼지를 눈으로 확인할 수 있을 겁니다. 미세먼지 측정기도 필요없지요. 서로 좋은 공기 마시려고 한쪽으로 몰려들 수도 있습니다. 그리고 자동차 최고속도는 30km를 넘지 않을 겁니다.

관점: 공기와 같은 색의 옷을 입으면 내 모습이 투명해 보일까?

공기에 냄새가 있다면?

공기는 무색무취의 투명한 기체입니다. 만약 공기에 고유의 냄새가 있다면 인간의 후각은 어떻게 발달했을까요?

공기 냄새가 진하다면 후각은 퇴화하여 인간은 평생 냄새를 맡지 못하고 살 수도 있습니다. 음식의 맛을 음미하는 데는 냄새도 큰 역

할을 하는데 후각 대신 청각, 미각, 시각이 더 발달할 수도 있습니다.

공기에 무게가 있습니까?

한번은 어떤 연구소 강의실을 가게 되었습니다. 들어서자마자 이런 느낌이 들었습니다. '**공기가 무겁다.**'

60대 중반의 교수님이 강의를 하고 계시는데 수강생들은 지루해서 책상만 보고 있고, 교수님 혼자 어려운 용어를 사용하며 설명하고 있었습니다. 침울한 분위기였습니다.

심리적 느낌의 공기의 무게가 아니라 실제로 초등학교 교과서만 봐도 공기에 무게가 있다는 것을 배울 수 있습니다. 기압이 없다면 바람도 존재하지 않습니다.

무색무취의 공기를 팝니다: 산소방, 산소캔, 공기청정기.
공기+냄새: 냄새를 팝니다. - 향수, 향초, 향기.
공기+물: 수분을 공급합니다. - 가습기.

모든 인간에게 공평하게 주어진 것, 공기!

공기도 돈 주고 사서 마셔야 한다면 부자들은 더 좋은 공기를 마시며 살게 될까요? 숨 쉬는 데도 빈부의 격차가 생기게 될까요? 비싼 자동차 타이어에는 비싼 공기를 넣어야 달릴까요?

지금 당신 옆에 공기청정기가 있습니까?
당신도 벌써 남들과 다른 공기를 마시고 있습니다.

유머 상상력

대학 시절 작문시간에 내준 과제 중에 '공기란 과연 무엇인가?'라는 문제가 있었다.

정성을 다해 지구의 탄생과 자연과 인생에 대해서 작성해 제출했더니 교수님께서 작가가 되어도 좋겠다고 칭찬해주셨다.

1년 뒤 군 제대 후 복학한 친구가 그 강의를 듣게 되었는데 똑같은 과제가 나왔다며 도움을 요청했다. 참고하라고 빌려주었더니 그 친구는 그대로 베껴서 제출했다.

작문은 반려되었는데 거기에 교수님의 친필 글씨가 적혀 있었다.

"윤규는 잘 지내니?"

발상의 전환

영화 〈완벽한 타인〉에서 40대 주부가 하는 말.

"문학반 선생님이 나한테 물어보더라. 꿈이 뭐예요? 뭐가 되고 싶어요? 그런 건 애들에게나 하는 얘기잖아. 그래서 글을 썼어. 난 이제 뜨거워. 사는 것처럼 사니까!"

공기 + (　　　) = 　　　　　　　　?

 두 개의 단어를 합쳐서 할 수 있는 것들은?

글이나 그림으로 표현하기

이렇게 생각하는 이유는?

오늘의 키워드　　제품화한다면 이름은? 핵심은? 사용자는?

물

"물만 먹어도 살이 쪄요."

걱정 마세요. 인간 체중의 70%가 물입니다.

당신은 살이 찐 것이 아니라 몸속에 물이 조금 많을 뿐입니다.

인간의 체중처럼 지구의 70%가 바다라는 사실도 신기합니다.

물은 공기처럼 색도 없고 냄새도 없습니다. 더구나 아무 맛도 없습니다. 그런데 사람들은 "**물맛 좋다**."고 말합니다.

워터 소믈리에: 물의 맛을 감별하고 평가하는 직업.

벨기에에서는 매년 세계 130개국에서 생산하는 물의 맛을 평가하는 '국제 식음료품평회'가 열린다고 합니다. 미네랄워터, 광천수, 해양 심층수, 빙하수 등의 제품을 비교합니다.

정말 물에 고유의 맛이 있다면?

물에 특이한 맛이 있다면 우리의 미각은 달라졌을까요? 음식을 만들 때 맛의 기준도 달라졌을 겁니다. 향신료의 사용법과 양념의 활용도 변했겠지요. 과일이나 야채, 고기를 먹었을 때 음식이 가진 본연의 맛을 못 느끼겠지요.

물은 인간과 비슷하다.

조금만 열 받으면 끓어오릅니다.

감정이 상하면 마음이 차갑게 얼어붙습니다.

기분이 좋으면 커피, 꿀, 녹차 등 무엇이든 받아들여 하나 되게 녹입니다.

따뜻한 사람과 차가운 사람이 있듯이 온수, 냉수가 나옵니다.

사람이 환경에 적응하듯 물은 어떤 그릇에 담아도 그릇 모양을 만들어냅니다.

발상: **물이 사라진다면 눈물도 사라질까요?**

연인의 눈물을 보관하는 작은 병을 판매하는 것을 보았습니다. 그래서 저는 이런 생각도 해봅니다.

결혼식장에서 감동의 눈물을 흘리는 '**신부 100인의 눈물**'이 든 병.

유명한 '**스타 100인의 눈물 병**'과 사연을 전시한 벽.

전 세계의 대통령들의 눈물을 모은 '**대통령의 눈물 병**' 전시회.

첫 아이를 출산한 '**산모 100인의 감동 눈물**'이 든 병.

평생 세 번 흘린다는 '**남자 100인의 눈물**'이 든 병과 사연.

아내의 눈물을 담아 만든 눈물 반지, 목걸이, 귀걸이.

폭포에서 물이 1년 내내 떨어지는 것도 참 신기합니다.

'노는 물이 다르다'는 말이 있습니다. 그런데 **어떻게 하면 노는 물이 달라질까요?**

유머 상상력

폭풍우가 거세게 몰아치는 바다에서 배가 빠른 속도로 가라앉고 있었다.

선장이 소리쳤다. "기도할 줄 아는 사람 있나!"

"네, 제가 기도할 줄 압니다."한 사람이 앞으로 나서며 말했다.

"좋아, 그러면 자넨 기도를 하게. 우리들은 구명 조끼를 입을 테니까. 한 개가 모자라거든."

발상의 전환

영화 〈아쿠아 맨〉에서.

"물속에선 눈물이 씻겨나간다."

물 + (   ) = 　　　　　　　？

 두 개의 단어를 합쳐서 할 수 있는 것들은?

글이나 그림으로 표현하기

이렇게 생각하는 이유는?

오늘의 키워드　　제품화한다면 이름은? 핵심은? 사용자는?

 금

〈나는 자연인이다〉라는 프로그램이 있습니다. 가진 것 없고 좋은 물건 하나 없어도 산속에서, 계곡 옆에서, 그림 같은 풍경 속에서 사는 다양한 사람들의 이야기입니다.
치열한 경쟁 속에서 바쁜 일상을 살아가는 현대인들에게 자연인의 삶을 보여줌으로써 간접적인 경험과 힐링을 전하고 자신의 삶을 되돌아보도록 하는 내용입니다.

감동받은 당신이 어느 날 '자연인'이 되기 위해 산으로 들어갔다고 가정해봅시다.
오두막을 짓고 옆에 있는 계곡에 물을 뜨러 갔다가 돌 틈에 발이 끼인 두꺼비 한 마리를 구해주었습니다. 그때 갑자기 두꺼비가 산신령으로 변하면서 당신에게 말합니다.
"순금 도끼 줄까? 18k 도끼 줄까? 14k 도끼 줄까?"
"저는 자연인입니다. 필요 없습니다."
"착하구나. 산에 살려면 도끼가 필요하니 다 가져라."

현금화하면 10억 원 정도 되는 금이라면 계속 도끼로 사용하시겠습니까? 자연인을 그만두시겠습니까?

황금 같은 기회, 황금 같은 시간, 황금 같은 세월, 황금연휴, 황금 레시피, 황금 열쇠.

정말 귀하고 소중한 것에는 황금이 붙습니다. 그런데 그 소중한 것도 때와 장소에 따라 달라집니다. 사막을 지나갈 때 한 가지만 가지고 가라고 하면 물과 금 중에서 무엇을 선택하시겠습니까?

정말 귀중한 것은 무엇입니까?

돈을 버는 데 너무 집착해서 돈을 쓸 시간조차 없는 사람, 먹고살기 위해 일하는데 그 일 때문에 목숨이 위험하거나 질병에 걸려 번 돈 모두를 병원에 가져다주는 사람, 가족을 위해 월급 전부를 해외로 보내고 10여 년이 지난 뒤 그 가족들에게 버려지는 기러기 아빠.

황금 돼지, 황금 변기, 금가루 뿌린 생선회, 그리스 신화에 나오는 황금 사과, 금수저와 흙수저, 황금알을 낳는 거위, 스포츠 경기 금메달, 금니, 금 나노입자.

화폐의 기준이 되는 황금, 많으면 많을수록 좋겠지요.
단, '누가 쥐고 있느냐, 어떻게 쓰느냐?'의 문제인 것 같습니다.

당신은 순도 몇 퍼센트 인간입니까?

융합 키워드

유머 상상력

사람들이 "이것을 당신과 함께 나누고 싶어요."라고 말할 때의 이것이 '한 번도 돈이 아니었다'는 사실을 알고 있는가?

어떤 부인이 자기 아들을 돈은 매우 많지만 아들보다 나이가 열네 살이나 많은 여자에게 장가보내려고 했다. 그러나 아들은 그 여자와 결혼하기 싫었다.
"그 여자가 어때서 그러니?"
"그 여자의 과거가 싫어요."
"그 여자의 과거는 아주 깨끗하단다."
"깨끗한지 몰라도 너무 길어요."

발상의 전환

영화 〈윈드 리버〉에서 눈 속의 시체를 보고 하는 말.
"사람이 이 눈 속에서 맨발로 얼마나 달려야 죽을까요?"
"살려는 의욕을 어떻게 측정하겠어요."

우리는 측량할 수 없는 걸 자꾸 측량하려 든다.
꿈은 얼마입니까?
희망은 몇 킬로미터입니까?

234

금 + (   ) =   ?

 두 개의 단어를 합쳐서 할 수 있는 것들은?

글이나 그림으로 표현하기

이렇게 생각하는 이유는?

오늘의 키워드   제품화한다면 이름은? 핵심은? 사용자는?

모래

산악인 엄홍길 대장은 신발에 한 알의 모래라도 있을까봐 신발 바닥을 위로 해서 햇빛에 비춘 다음, 꼼꼼하게 살펴보고 손톱으로 모래나 먼지를 하나하나 털어낸다고 합니다. 발이 불편하면 신경 쓰이고 집중도가 떨어져서 사고가 날 위험성이 높아지기 때문입니다.

정말로 모래 한 알이 들어간 신발을 만든다면?
그걸 누가 신어? 그런 신발을 왜 만들어?
나도 모르지요. 만들어두면 쓸모가 있겠지요.
군 훈련소나 등산학교 또는 신입사원 교육을 할 때, 말로 하는 것과 스스로 느끼는 것은 전혀 다른 결과를 가져옵니다. 신발 속 모래 한 알을 통해 철저한 사전준비가 얼마나 중요한지를 직접 느끼도록 하는 운동화가 될 수도 있습니다.

'전 세계 모래시장의 37% 사라질 위기'라는 기사를 보았습니다.
제가 어렸을 때는 개울가에 있는 모래를 필요한 사람들은 누구나 마음대로 가져갈 수 있었습니다. 지금은 모래가 부족해서 바닷모래를 사용하고 있습니다. 해수욕장 모래도 자꾸 줄어들고 있습니다.

모래가 다 사라지면 씨름판의 모래는 무엇으로 대체할까요?

'모래판의 천하장사'라는 말도 사라지게 될까요?

100년 후 빌딩과 아파트는 어떻게 될까요?

모래시계 안과 밖 전체를 모래로 만들 수 있을까요?

바닷가에서 아이들은 모래성을 쌓지요. 금방 무너집니다.
모래 위에 건물을 짓는 것도 마찬가지입니다. **사상누각**(沙上樓閣).
그런데 신기하게도 모래는 콘크리트와 아스팔트의 주재료입니다.
건물의 유리도 모래에서 추출한 것입니다. 지금 우리는 모래성에서
살고 있습니다.

고양이용 모래, 어린이들 놀이를 위한 색모래도 있고, 모래찜질도
합니다. 유리, 반도체, 인터넷 광케이블, 심지어 치약에도 모래 성
분이 들어 있습니다.

모래가 이렇게 유용하다면 사막도시 두바이는 정말 좋겠지요?

바닷물이 아무리 많아도 마실 수 없듯이 사막의 모래는 인간의 용
도에는 거의 맞지 않는다고 합니다. 거센 바람에 시달리며 서로 부
딪쳐 모난 부위가 다 깎여나가서 거의 원형이라, 이런 모래는 마찰
력이 없어서 건축자재로는 쓸모가 없고, 정수 작용도 정화 작용도
하지 못한다고 합니다. 자연은 참 신비롭습니다.

지구에 있는 모래알 개수와 우주의 별, 무엇이 더 많을까요?

유머 상상력

완전 공짜로 당신의 사업을 선전하는 방법을 알려드립니다.

9만 원만 보내십시오.

발상의 전환

영화 〈청년경찰〉에서.

"고등학교 어디 나왔냐?"

"서울과학고."

"그럼 카이스트 가는 거 아냐? 왜 경찰대 나왔어?"

"좀 특별하고 싶었거든."

"카이스트 가는 게 특별한 것 아냐?"

"내 친구들 다 가거든. 우리 학교에서는 경찰대 가는 게 특별한 거
야."

모래 + (　　　) = 　　　　　　?

글이나 그림으로 표현하기

이렇게 생각하는 이유는?

오늘의 키워드　　제품화한다면 이름은? 핵심은? 사용자는?

비가 내린다!
그런데 물에 색깔이 있다면? 물이 투명하지 않다면?
하늘에서 무지갯빛 비가 내릴 때 아름다울까요?

땅에 떨어진 물방울들은 여러 물감을 섞으면 검은색이 되듯이
검은 물로 바뀔까요?

예쁘게 화장하고 나온 그녀의 얼굴에 빨강색 빗방울이 떨어져 흘러내린다면?

7

주변에서 볼 수 있는
키워드

모자

넷플릭스를 통해 방영된 한국 드라마 〈킹덤〉.
조선 좀비를 다룬 내용이 재미있었지만 전 세계 외국의 시청자들이 이해하지 못한 것이 하나 있었습니다. 바로 **조선시대의 전통모자인 '갓'**이었습니다. 신분과 상황, 장소에 따라 배우들이 매번 다른 모자를 쓰고 나왔던 것입니다.
남자들의 삿갓, 초립, 익선관, 사모, 패랭이, 흑립, 면류관, 통천관.
여자들의 화관, 족두리, 굴레, 조바위, 남바위, 전모, 너울.
이 정도면 우리나라는 모자 종주국이라고 해도 될 듯합니다.

모자의 기능은 추위, 더위, 바람, 햇빛, 자외선 차단 등이다.
모자의 기능은 예의와 예절을 갖추는 용도이다.
모자의 기능은 패션이다.
당신은 어떤 용도로 사용하십니까?

코로나19 감염을 막기 위한 투명 비닐 모자, 자외선 차단 모자.
모자 속 열기를 식혀줄 수 있는 통풍 모자, 선풍기 달린 모자, 차양 모자.
모자 속에 아이스팩이 들어 있는 아이스 모자.
충전된 태양에너지로 핸드폰을 충전하는 모자, 라디오 달린 모자.

항균·탈취 기능을 탑재하고 열과 땀을 제거하는 모자.
지압 모자, 졸면 진동이 되는 졸음 방지 모자, 황사 방지 모자.
향기 발생 모자, 벌레 방지 모자, 이어폰 달린 모자, 모자가 달린 후드티.
레고로 만든 모자, 새털로 만든 모자, 꽃으로 만든 모자.
종류도 참 많습니다.

만화영화 〈형사 가제트〉를 보면 중절모자 속에서 프로펠러가 나와 주인공이 하늘을 날아다니는 모습을 볼 수 있습니다. 모자 속에서 무엇이든지 나올 수가 있다면….
과자+모자, 음료수+모자, 볼펜+모자, 안경+모자, 핸드폰+모자, 마스크+모자, 게임+모자.

감정 상태에 따라 색상이 변하는 모자도 만들 수 있을 것 같습니다. 빨간색일 때는 **'말 걸지 마 모자'**가 되고 파란 색일 때는 **'뭐든지 OK 모자'**가 됩니다.

영화 〈해리 포터〉에는 말하는 모자도 나옵니다. 실제 상품으로 만들면 재미있을 것 같습니다. 모자를 쓰면 모자와 어떤 대화도 가능한 제품으로, 인공지능이 발달하니 곧 나올 겁니다.

모자를 아주 크게 한다면?
모자가 집도 되고, 차도 되고, 비행기도 될 수 있겠지요.

지하철 탈 때마다 빈자리가 없을 때 이런 생각이 듭니다.
'자리에 앉은 사람들이 도착지를 표시할 수 있는 모자를 쓰고 있다면 좋겠다'고.

유머 상상력

사회생활을 새로 시작한 딸이 첫 월급을 받은 기념으로 엄마 모자
를 사왔다.
"우와, 내가 좋아하는 디자인인데 어떻게 골랐지?" 엄마가 물었다.
"가게 주인이 골라주었어요." 딸이 대답했다.
"그 사람이 참 잘 골랐구나. 그런데 주인이 엄마가 어떻게 생겼냐고
묻지 않았니? 엄마가 몇 살인지, 머리 염색은 무슨 색인지?"
"아니, 그냥 내가 가진 돈이 얼마나 되는지 물었어." 딸이 대답했다.

발상의 전환

영화 〈로스트 인 더스트〉에서.
경찰: 은행강도가 복면을 했다던데, 흑인인가요, 백인인가요? 인종
을 알겠던가요?
직원: 피부색요, 영혼요?

모자 + (　　　) = 　　　　　　　?

 두 개의 단어를 합쳐서 할 수 있는 것들은?

글이나 그림으로 표현하기

이렇게 생각하는 이유는?

오늘의 키워드　　　제품화한다면 이름은? 핵심은? 사용자는?

비타민 C

인간은 몸속에 비타민 C가 없습니다.

반드시 외부에서 섭취해야 합니다. 결핍되면 괴혈병 걸립니다.

그럼 많이 먹어야 좋은 걸까요? 의견이 분분합니다.

비타민 C도 많이 먹으면 죽는다고 하는데 그 양이 무려 '레모나' 1400개, '비타 500' 1428병 정도라고 하니 걱정 안 하셔도 됩니다. 그전에 배불러서 죽습니다.

마시는 비타민 '비타 500'이 처음 나왔을 때 모두들 놀랐습니다. 비슷한 상품들이 많이 나왔고 심지어 '비타 1000'도 나왔습니다. 사람들은 참 이상합니다. 이성적으로 판단하면 '비타 1000'을 사야 하는데 '비타 500'이 더 잘 팔립니다.

비타민 C는 감기 예방, 감기 증상 호전, 항산화 기능, 콜레스테롤 산화 방지 기능도 합니다.

그렇게 좋다면 먹지 말고 발라보자.

비타민 C+화장품, 비타민 C+샴푸, 비타민 C+앰플.

비타민 C+주사: 먹지 않고 주사로 맞는 분도 있습니다.
'번거롭게 따로따로 먹나요. 한번에 먹지.' 다른 영양분과 함께 제조되기도 합니다.
비타민 C+철분, 비타민 C+홍삼, 비타민 C+아연, 비타민 C+비타민 D, 비타민 C+오메가.

비타민+음식: 다른 음식 먹을 때 자동으로 섭취됩니다.
비타민 C+과자, 비타민 C+껌, 비타민 C+젤리, 비타민 C+빵, 비타민 C+스프레이.
한국 사람은 김치만 잘 먹어도 비타민 C는 보충된다고 합니다.

비티민 C를 향으로 냄새로 섭취할 수 없을까?
말도 안 되는 소리지만 만약에 가능하다면, 비타민 C+양초, 비타민 C+향수, 비타민 C+디퓨저 같은 제품과 실내에 머물기만 해도 비타민 C가 보충되는 카페, 독서실, KTX 열차, 사무실 등도 나오겠지요. **비타민 C+공기청정기** 제품도 가능합니다.

밥 위에 뿌려 먹는 비타민, 나물을 무칠 때 양념용 비타민, 우유에 타 먹는 비타민, 비타민 짜장, 비타민 카레, 숨 쉬어도 흡수되는 비타민 마스크, 발로 흡수되는 비타민 양말.
모두 말이 안 된다고요?
맞습니다. 상상력은 그렇게 시작하는 것입니다.

비타민 C+휴지. 닦기만 해도 흡수됩니다.
비타민 C+립스틱. 뽀뽀만 해도 흡수됩니다.

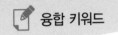

유머 상상력

의사가 환자에게.

"좋은 소식과 나쁜 소식이 있습니다. 먼저 좋은 소식은, 선생님 정도의 경제력이면 충분히 치료를 받을 수 있다는 겁니다."

발상의 전환

아일랜드 속담.

"신이 돈을 어떻게 생각하는지 알고 싶으면 신이 누구한테 돈을 줬는지 보라."

비타민 C + (   ) = ┌─────────────┐
                        │   ?   │
                        └─────────────┘

 두 개의 단어를 합쳐서 할 수 있는 것들은?

글이나 그림으로 표현하기

이렇게 생각하는 이유는?

오늘의 키워드   제품화한다면 이름은? 핵심은? 사용자는?

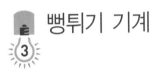

뻥튀기 기계

추억의 맛 뻥튀기.

옥수수, 쌀, 떡, 콩, 율무, 군밤, 현미, 보리, 밀, 귀리, 돼지감자, 우엉 등 무엇이든 튀겨집니다. 뻥튀기로 다이어트를 하시는 분들도 있습니다. 자취생들이나 1인 가구 중에는 접시 대신 뻥튀기를 그릇으로 사용하는 사람도 있습니다.

무엇이든 뻥튀기해 드립니다.

그럼 금속도 튀겨질까요?
네, 있습니다. '스펀지 금속'으로도 일컬어지는 **발포 알루미늄**은 뻥튀기와 비슷한 원리로 만들어집니다. 알루미늄 안에 점증제를 넣어 점도를 높인 뒤 발포제를 넣어서 금속이 부풀어 오르면서 스펀지 같은 금속으로 뻥튀기가 되는 것입니다.
발포 알루미늄은 흡음재로도 많이 사용하고 불연내장재, 자동차 경량화에도 이용됩니다.

유리도 튀겨지나요?
발포 유리, 기포 유리 – 경량, 고강도, 내연, 방음성이 있습니다.

돌도 튀겨지나요?

돌도 뻥튀기가 됩니다. 질석은 열이 닿으면 20배로 커집니다. 흡수력이 좋아서 내열재 방음재로 사용됩니다.

닭도 튀겨지나요? 치킨 말고요, 크게?

병아리를 넣었는데 어미 닭이 나오면 좋겠습니다.

뉴스를 보니 모 기업 회장은 주식을 뻥튀기했네요. 마스크업체 사장은 마스크 가격을 뻥튀기했고요. 실적을 뻥튀기하는 사람, 스펙과 경력을 뻥튀기하는 사람, 수익성을 뻥튀기하는 회사, 기업 가치를 뻥튀기하는 회사, 용량을 뻥튀기하는 사람.
참으로 뻥튀기는 재주들이 다양합니다.

무엇을 뻥튀기고 싶은가요?

만원권 지폐를 넣었는데 5만원권 지폐로 튀겨지면 좋을까요?
땅콩 한 알이 감자만큼 튀겨져도 괜찮겠네요.

크게 만들고 싶은 것은 무엇입니까?

키가 작은가요? 저랑 함께 기계 속에 들어갔다 나올까요?
'몰티즈'를 '골든레트리버'만 하게 만들면 어떨까요?

지금 집이나 사무실에 있는 물건 중 뻥튀기해보고 싶은 것은 무엇입니까? 주변을 한번 둘러보세요.

유머 상상력

전국 목사 연합 행사에서 한 목사가 요즘처럼 경기가 나쁠 때 국가가 교회를 위해서 해줄 수 있는 일에 대해 기발한 아이디어를 내놓았다.
"정부가 교회를 위해서 해줄 수 있는 가장 좋은 일은 천원권 지폐를 없애는 거야."

발상의 전환

"인생의 기회를 잡기 위해서 당신은 무엇을 했나요?"

뻥튀기 기계 + (   ) =   ?

 두 개의 단어를 합쳐서 할 수 있는 것들은?

글이나 그림으로 표현하기

이렇게 생각하는 이유는?

오늘의 키워드   제품화한다면 이름은? 핵심은? 사용자는?

마스크

짐 캐리 주연의 영화 〈마스크〉.
마스크를 쓰면 초능력이 생깁니다. 어떤 사람이 마스크를 쓰느냐에 따라서 그 사람의 성품에 따라 행동과 파워가 달라집니다. **본연의 심성이 나타납니다.**

작사가 김순곤 씨의 노래 중에 〈가면〉. 거기에 이런 가사가 있습니다.
"집에 돌아와 거울을 보면 지치고 슬픈 얼굴. 사랑도 없고 진실도 없는 낯선 사람 하나가 가면 속에 숨어 울고 있어요. 그게 지금 내 모습이죠."

당신은 어떤 가면을 쓰고 있습니까?

TV 음악 프로그램 〈복면가왕〉.
나이, 성별, 직업을 알 수 없도록 가면을 쓰고 오로지 목소리와 실력만으로 경연하는 프로그램입니다. '가면' 덕분에 평소 자기의 행동과 다른 모습을 보여주는 사람도 있습니다.

코로나19 발생 이후 마스크는 생활의 일부가 되었습니다. 추위 방지, 미세먼지 방지 기능에서 이제 **바이러스 방지용**으로 활용됩니다.

마스크+미용: 마스크팩, LED 마스크, 맛사지 마스크.
마스크+위생: 음식점용 투명 위생 마스크, 일회용 마스크.
마스크+건축: 건축 공사용 마스크, 방진 마스크.
마스크+건강: 의료용 치료 마스크, 코 마스크.

이런 마스크도 생각해보았습니다.
마이크 달린 마스크, 안경 김서림 방지 마스크, 향수 마스크, 숨을 쉬면 약이 기관지로 들어가는 마스크, 입냄새를 체크해 자동으로 냄새를 제거하는 마스크, 얼굴 가림 전용 마스크, 패션 마스크, 안경과 일체형인 마스크, 이쑤시개 붙은 마스크, 거기에 거울까지 달린 마스크, 평생토록 사용할 수 있는 **미니 산소통 달린 마스크**, 스마트 마스크.

도둑과 강도들이 쓰는 마스크는 따로 있나요?
영화 〈마스크〉처럼 어떤 마스크를 써도 본연의 심성이 나타납니다.

EBS 캐릭터 '펭수'는 엄청 큰 가면을 쓰고 다닙니다.
도대체 누구일까 궁금합니다.

마스크에도 명품 브랜드 붙이면 더 잘 팔릴까요?

유머 상상력

긍정의 마스크.

기말시험 공부를 하던 친구가 초조하게 중얼거렸다.

"아무래도 난 낙제할 거 같아."

난 그에게 용기를 주려고 적극적으로 생각해보라고 말했다.

그러자 친구가 말했다.

"난 틀림없이 낙제할 거야."

발상의 전환

토르: 난 망치 없인 아무것도 못해요.

아버지: 그 망치가 네 힘의 원천이 아니야. 그냥 널 도와줄 뿐이지.

마스크 + (   ) =   　　　　？

 두 개의 단어를 합쳐서 할 수 있는 것들은?

글이나 그림으로 표현하기

이렇게 생각하는 이유는?

오늘의 키워드　　제품화한다면 이름은? 핵심은? 사용자는?

양말

중학교 때 친구 집에 놀러간 적이 있었는데 나일론 양말을 신고 있었습니다.

발냄새가 얼마나 나던지 무척 창피했습니다. 고마웠던 것은 친구가 발냄새에 대해 한마디도 하지 않았다는 것이었습니다.

양말+탈취 기능: 항균·탈취 기능성 양말.

양말+스프레이: 양말 개발로는 힘들어서 양말에 뿌리는 탈취제거제도 나왔습니다.

양말+건강: 은 나노, 숯, 솔잎, 대나무, 은행, 홍삼, 황토 등의 성분이 첨가된 양말.

양말+기능: 비상금 저장 양말, 무좀 환자들을 위한 발가락 양말, 수면 양말, 요가 양말, 마사지 기능의 지압 양말, 등산 양말, 발목 양말, 버선, 미끄럼 방지 양말.

발가락에서부터 어디까지가 양말입니까?

스타킹은? 팬티스타킹은 양말입니까, 팬티입니까?

양말+실내화: 덧신.

추울 때 양말에 덧붙이는 핫팩, 크리스마스 때 산타클로스에게 선물받는 양말, 시각장애인이 같은 짝 양말을 찾을 수 있도록 만든 **점자 양말**, 여성용 액세서리가 달린 **발찌 양말**.

짝 안 맞는 양말로 뭘 할 수 있을까요?

인형 만들기, 식탁의자에 양말 씌우기, 여성용 구두에 덧씌워 보관하기, 마스크 만들기, 골프공 · 탁구공 보관하기, 작은 장난감 보관하기, 안경 보관하기.

레저용 장갑 중에는 손가락 부분이 뚫어진 장갑이 있습니다. 같은 원리로 **발가락 구멍이 모두 뚫린 발가락 양말**은 어떨까요?

도보로 여행을 하다가 소나기를 만나 신발과 양말이 모두 젖은 적이 있었습니다. 그날 숙소에서 빨리 말리려고 헤어드라이어로 신발과 양말을 말린 적이 있습니다. 그런데 그런 제품이 정말로 나왔네요. 사람들은 누구나 비슷한 생각을 하면서 살아갑니다.

찢어진 청바지가 유행입니다. **구멍 난 양말을 팔면 어떻겠습니까?** 못 쓰는 양말 발목 부분만 잘라서 팔목보호대나 무릎보호대로도 사용합니다.

양말+고무줄: 건강을 위한 **운동 양말**입니다. 양말에 달린 초강력 탄성 고무줄을 누워서 또는 서서 잡아당기면 됩니다. 한번에 20번씩만 하면 운동이 될 겁니다.

유머 상상력

처음으로 발레를 구경한 꼬마가 엄마에게.

"왜 좀 더 키 큰 여자들을 골라 춤을 추게 하지 키 작은 여자들을
뽑아서 발뒤꿈치를 들고 춤추게 하는 거예요?"

발상의 전환

"착한 마음으로 대하면 상대방도 착해진다."

양말 + (　　　) = 　　　　　?

글이나 그림으로 표현하기

이렇게 생각하는 이유는?

오늘의 키워드 　제품화한다면 이름은? 핵심은? 사용자는?

261

단추

단추는 옷이 벌어지지 않도록 여미는 데 사용하는 부품이다.
아니다. 단추는 몰래 카메라이며 폭탄이다. (영화 '007 시리즈'를 보면 그렇다.)

단추+위기상황: 긴급 상황을 대비한 라이터 단추, 돋보기 단추, 나침반 단추.
단추+예술: 모양대로 단추를 붙여서 그림 그리기, 액자 만들기.
단추+패션: 보석으로 만든 단추, 단추로 만든 팔찌, 단추 귀걸이, 단추 목걸이, 단추로 만든 시계.
단추로 만든 지구본을 본 적이 있는데 참 예뻤습니다.

단추의 재료는 동물 이빨, 금속, 플라스틱, 조개껍데기, 사기, 유리, 뼈, 나무, 가죽 등 다양합니다. 똑딱단추, 벨크로, 지퍼와 같은 새로운 성능으로 발전해 나갑니다.
옷에만 사용하던 단추는 우산, 가방, 장갑, 모자, 지갑, 신발 등으로 활용도가 넓어집니다.

단추는 다이어트 기계다.

누군가 이런 말을 합니다. 단추를 배꼽에 끼웁니다. 그리고 일주일 동안 단추가 빠지지 않도록 신경 쓰면서 걸어다니고 뛰어보라고. 5kg은 빠진다고 하네요.

단추 모양의 옷걸이도 판매되고 있습니다.

단추를 크게 만들어서 바퀴를 단다면 어린이용 장난감 자동차가 될까요?

엽전이 아닌 단추로만 거래가 이루어지는 전통시장은 재미있을까요?

단추 모양 출입문, 단춧구멍 창문은 어떤가요?

단추를 연결해서 연처럼 날릴 수 있을까요?

단추 모양 드론은 어떻습니까?

거실 벽 전체를 수많은 종류와 크기의 단추로 붙인다면 인테리어가 예쁠까요?

단추 모양의 빵과 단추가 여러 개 쌓인 모양의 케이크도 만들 수 있을 겁니다.

집중이 잘 안 되나요? 그런 분들은 단추를 1000개 정도 사세요. 그리고 실로 모두 엮어보세요. 잡생각도 들지 않을 겁니다. 때로는 단순할 때 상상력이 나오거든요.

사랑에 빠진 연인들이 단추 하나를 반반씩 나눠 가져야 한다면, 이별한 사람들은 나머지 반쪽의 단추를 어디에다가 버릴까요?

융합 키워드

유머 상상력

펭귄은 평생 같은 상대하고 산다.
그 이유는 충분히 이해가 간다.
다 똑같이 생겨서 더 잘생긴 펭귄을 만날 가능성이 없으니까.

발상의 전환

영화 〈가디언즈 오브 갤럭시 2〉에서.
"내가 못생겼어요?"
"그래."
"ㅠㅠ"
"그래도 좋은 점이 있지. 누군가 못생긴 널 사랑한다는 것은 정말로 널 사랑한다는 거거든."

단추 + (   ) = ?

 두 개의 단어를 합쳐서 할 수 있는 것들은?

글이나 그림으로 표현하기

이렇게 생각하는 이유는?

오늘의 키워드   제품화한다면 이름은? 핵심은? 사용자는?

커피

커피+고추.

한국 사람들 매운 거 좋아하지요. **매운맛 커피**입니다.

말이 안 된다고요? 제가 커피에 막걸리를 처음 섞었을 때도 그런 소리를 들었습니다. 그런데 지금은 **커피 막걸리**가 나오고 있습니다. 심지어 **커피 소주**도 나왔습니다.

커피+달걀: 베트남에서 만드는 달걀노른자가 들어가는 에그 커피.

커피+럼주: 독일에서는 럼주를 넣은 파리제.

커피+연유: 스페인에서는 연유를 넣은 달달한 커피.

커피+레몬: 포르투갈에서는 탄산수와 레몬을 넣은 마자그란.

커피+계피: 멕시코에서는 계피와 사탕수수를 넣은 카페 드 올라.

커피+치즈: 핀란드에서는 치즈를 넣은 커피 카페오스트.

커피+소금: 대만에서는 바닷소금을 넣은 솔트 커피.

카페라테 좋아하세요?

커피+우유: 커피에 우유를 맨 처음 넣은 사람도 그 당시에는 '미친 놈'이었습니다.

266

뭐든지 섞어보세요. 당신도 할 수 있습니다.

여주에서는 우엉으로 커피 맛을 내는 **여우커피**(여주+우엉)를 만들었습니다. 전북 고창에서는 **보리+커피**, 보리커피를 만들었습니다. 익산에서는 카페인 '0', 커피 '0'인 **작두콩 커피**를 만들었습니다.

전 세계를 놀라게 한 '커피믹스'는 한국인의 창의성을 알리는 제품입니다.
커피+콜라: 코카콜라는 첫맛은 콜라 맛, 끝맛은 커피 맛이 나는 '커피코카콜라'도 만들었습니다.

다방 커피, 믹스커피, 원두커피, 커피 캡슐, 캡슐 자판기 등으로 다양해지고 발전합니다. 테이크아웃 커피가 처음 나왔을 때 "소비자를 무시하나?"라고 따지신 분 있습니까?

커피+탄산, 커피+견과류, 커피+두유, 커피+홍삼, 커피+마늘, 커피+사과, 커피+귤, 커피+삼겹살, 커피+치킨, 커피+칼국수, 커피+짜장면, 커피+핫도그, 커피+김치.
사람이 먹을 수 있는 모든 것은 커피와 섞을 수 있습니다.

변하는 세상만큼 음식도 달라집니다.
이제 당신이 새로운 커피를 만들어보세요.
오늘 저녁 **된장찌개에 커피** 한번 넣어보세요.
둘 다 콩으로 만든 음식입니다.

유머 상상력

등산을 가는데 한 아주머니가 보온병을 들고 있었다.

옆에 있던 일행 중 한 명이 그게 뭐냐고 물어보았다.

"이건 보온병이라는 거야. 이걸 판 상점 주인이 그러는데, 여기다 물건을 넣어두면 뜨거운 건 뜨거운 채로 있고, 찬 건 찬 대로 그대로 있다는 거야."

"거 참 희한하네. 그래, 그 안에 무얼 넣어 가지고 왔니?"

"뜨거운 커피 석 잔하고 아이스커피 한 잔."

발상의 전환

영화 〈택시운전사〉에서.

"대학 갔으면 공부 열심히 해야지."

"전 공부하려고 대학 간 거 아닌데요. 대학가요제 나갈려고 간 건데요."

"그럼 노래해봐."

"저 보컬이 아니라 기타인데요."

커피 + (   ) =   ?

 두 개의 단어를 합쳐서 할 수 있는 것들은?

글이나 그림으로 표현하기

이렇게 생각하는 이유는?

오늘의 키워드   제품화한다면 이름은? 핵심은? 사용자는?

넥타이

도청에 강의하러 갔습니다. 강의 후 도지사님께서 선물을 주시는데 '한지 넥타이'였습니다.

'종이로 넥타이를 만들어?'

그렇다면 모든 재료가 넥타이가 될 수 있을 것 같습니다.

스포츠브랜드 나이키 미국 행사장에서 지드레곤이 **신발끈으로 넥타이를** 하고 나타났습니다.

나이키와 운동화의 느낌을 잘 활용한 아이디어였습니다.

저는 정장을 거의 안 입습니다. 당연히 넥타이 매는 일도 없고, 매는 법도 잊어버립니다. 그래서 자동 넥타이만 사게 됩니다.

연말 행사장에 갔더니 빨간색 나비넥타이를 줍니다. 남자들은 목에 매고 여자들은 머리에 씁니다.

잠자리 넥타이, 딱정벌레 넥타이, 독수리 넥타이는 왜 안 될까요?

넥타이는 남성용인가요, 여성용인가요?

못 쓰는 남성 넥타이를 모아서 여성 치마를 만들면 어떨까요? 강아지 방석은 어떻습니까? 넥타이 몇 개를 잘라서 여성용 팔찌나 가방 걸이를 만들 수도 있습니다.

넥타이는 목에 착용해야 하나요? 시골에서 할아버지는 허리끈 대신 사용하시던데요. 물건을 묶을 때도 사용합니다.
영화를 보면 카메라와 녹음기가 장착된 넥타이도 있습니다.
넥타이 뒷면에 비상지갑이 있는 제품도 있습니다.

넥타이+원기 회복: 넥타이를 오래 하면 갑갑하지요. 그래서 이런 생각을 합니다. 넥타이에 지압 기능과 진동 기능이 있어서 목의 근육을 풀어줍니다.
넥타이+향수: 하루 종일 상쾌한 냄새를 제공합니다.
넥타이+교통카드: 넥타이가 금방 더러워질 것 같습니다.
넥타이+볼펜: 뒷면에 볼펜 꽂이가 있어서 메모를 많이 하는 분들에게는 도움이 될 겁니다.
넥타이+커피믹스: 정말 피곤하고 달달한 커피가 먹고 싶을 때를 대비한 제품입니다. 넥타이 뒷면에 믹스 한 봉을 넣고 다닐 수 있습니다.
넥타이+젓가락: 넥타이 뒷면에 젓가락 꽂이가 있습니다. 이걸 누가 쓰냐고요? 세상은 신기하게도 만들어만 두면 누군가는 사용합니다.

넥타이 매고 달리는 '넥타이 마라톤 대회'도 있었습니다.
넥타이를 매고 등산을 하면 더 힘들까요?
아빠 넥타이로 개 목걸이를 만들 수 있을까요?

융합 키워드

유머 상상력

빨간 넥타이를 한 의사가 환자에게 말했다.

"좋은 소식과 나쁜 소식이 있소."

"좋은 소식은 뭡니까?" 환자가 물었다.

"당신의 병에 당신 이름을 명명하기로 했다는군요."

발상의 전환

영화 〈맨 오브 스틸〉에서 지구 아버지가 어린 슈퍼맨에게.

"사람들은 자기가 이해하지 못하는 걸 무서워한단다. 네가 지구에 온 이유를 네 인생을 걸고 스스로 찾아야 해."

넥타이 + (   ) =   ?

 두 개의 단어를 합쳐서 할 수 있는 것들은?

글이나 그림으로 표현하기

이렇게 생각하는 이유는?

오늘의 키워드   제품화한다면 이름은? 핵심은? 사용자는?

페트병

매니저와 연예인이 함께 출연하는 프로그램이 있습니다. 거기에서 보면 매니저가 물병을 건넬 때 페트병 뚜껑에 빨대가 꽂혀 있는 장면들이 있습니다. **페트병+빨대.** 좋은 아이디어입니다.

대부분 가정에서 2L 페트병 용기를 쌀, 콩, 조, 현미 등 **곡물 보관용**으로도 사용합니다. 페트병 뚜껑이 있는 부분만 잘라서 일회용 비닐봉지 입구 마개로도 사용합니다.

중국에서는 감염 예방용 얼굴 가리개로도 사용하는 사람들이 있습니다.

길거리 음식을 파는 노점상에서는 비닐봉지나 종이컵을 하나씩 빼서 쓰는 용도로 사용하는 분들도 있습니다.

"코카콜라를 페트병에 넣겠다." 고 생각한 사람도 대단하지만 버려지는 페트병을 다른 용도로 이용하는 사람들도 창의적입니다.

가난한 나라에서는 **페트병+조명기구**를 만들고, **페트병+담벼락,**
페트병+주택도 만듭니다.

페트병+뚜껑 재활용: 페트병에서 뚜껑의 용도만 바꾸어서 재활용하는 것입니다.

물 뿌리는 분무기 뚜껑, 어린이 물총 뚜껑, 연필깎이 뚜껑, 덜어서 사용하는 샴푸통 뚜껑, 비눗방울 놀이 뚜껑, 페트병 물뿌리개 꼭지, 청소용 브러시 달린 뚜껑 등 빈 페트병에 뚜껑만 꽂으면 다른 용도로 사용이 가능합니다.

페트병을 엮어서 배를 만들고 자동차도 만듭니다.

페트병+운동: 물이나 모래를 집어넣은 페트병은 아령이 됩니다. 실제로 아령처럼 만든 스포츠 음료도 있습니다.

페트병 밑부분을 잘라 두 개를 연결하는 지퍼를 달아 지갑을 만드는 사람도 있습니다. 페트병+화분, 페트병+침대, 페트병으로 쥐덫을 만든 한국인도 있습니다. 페트병을 모기나 파리 잡아서 보관하는 통으로 쓰는 아이도 있습니다.

페트병+신발·슬리퍼 보관함 등 페트병으로 할 수 있는 것들은 많지만 환경을 생각한다면 사용을 줄여야 하겠지요.

페트병을 아주 크게 만들면 비옷으로 입을 수 있을까요?

페트병으로 개집을 만들면 여름에 너무 더울까요?

500ml 콜라병에는 500원 동전이 몇 개나 들어갈까요?

페트병 입구는 왜 위쪽에만 있을까요?

지금 빈 페트병 1000개를 준다면 무엇을 하시겠습니까?

페트병 뚜껑만 1000개를 준다면 무엇을 하시겠습니까?

유머 상상력

싱크대 배관이 막힌 것 같아서 마트에 갔더니, 해골 마크에 경고문구가 적혀 있는 액체 제품이 있었다. 혹시 PVC 파이프에 부었을 때 녹지나 않을까 걱정이 되어 점원에게 물었다.
"플라스틱에 괜찮을까요?"
점원이 대답했다.
"네, 그게 지금 플라스틱병에 담겨 있잖아요!"

발상의 전환

영화 〈메이즈 러너〉에서.
"세 가지만 묻겠다. 어디서 왔지? 어디로 가는 거지? 내가 얻는 것은?"

페트병 + (　　　) = 　　　　　?

글이나 그림으로 표현하기

이렇게 생각하는 이유는?

오늘의 키워드   제품화한다면 이름은? 핵심은? 사용자는?

두 개의 단어를 뽑아보세요.
그리고 하나로 합쳐보세요.
이제 보니 당신도 융합형 인간입니다!

챗GPT 시대의 창의성 융합의 탄생